MITOS Y VERDADES DE LA IGLESIA CELULAR

Principios Claves que Construyen o Destruyen un Ministerio Celular

JOEL COMISKEY, PH.D.

www.joelcomiskeygroup.com

Copyright © 2011,2016 por Joel Comiskey

Published by CCS Publishing
23890 Brittlebush Circle
Moreno Valley, CA 92557 USA
1-888-511-9995

Todos los derechos reservados en todo el mundo. Ninguna parte de esta publicación puede ser duplicada o transmitida en forma alguna o por medio alguno, electrónico o mecánico, incluyendo fotocopias, grabaciones o cualquier otro sistema de almacenamiento de información, sin el permiso por escrito de CCS Publishing..

Diseño por Josh Talbot
Interior por Sarah Comiskey
Editado por Scott Boren

ISBN: 978-1-935789-26-0

Todas las citas bíblicas, a menos que se indique lo contrario, son de la Santa Biblia, Nueva Versión Internacional, Copyright © 1973, 1978, 1984 por Sociedades Bíblicas Internacional. Usados con permiso.

CCS Publishing es una parte del ministerio de Joel Comiskey Group, un ministerio dedicado a ofrecer recursos y asesoramiento a líderes e iglesias del movimiento celular mundial.
www.joelcomiskeygroup.com

TABLA DE CONTENIDO

Agradecimientos 9
Prólogo 11
Introducción 15

Capítulo 1: Visión Mitos y Verdades 19
Mito: La Estrategia de la Iglesia Celular es una Estrategia
    de Mega-Iglesia 21
Verdad: Pocas Iglesias Celulares Alcanzan el Estatus de Mega-Iglesia 23
Mito: La Iglesia Celular No Funciona 25
Verdad: La Iglesia Celular Trae Salud, Vida y Crecimiento 26
Mito: La Iglesia Celular Es una Moda Pasajera 27
Verdad: La Iglesia Celular Tiene Raíces Profundas 28

Capítulo 2: Modelo Mitos y Verdades 31
Mito: Seguir un Modelo en Particular Traerá el Éxito 34
Verdad: Aplique Principios a su Situación Específica 35

Mito: El Número 12 Tiene un Significado Especial
  en la Organización de Grupos   37
Verdad: Los Principios de Evangelismo y Discipulado
  Hacen que el Ministerio Celular Funcione   37
Mito: Una Vez que Tengas un Modelo, Apégate a él   38
Verdad: Innova y Cambia El Modelo según El Espíritu te
  Dirija a Hacerlo   39
Mito: La Iglesia Celular se Enfoca Exclusivamente en la
  Célula y en la Celebración   40
Verdad: La Iglesia Celular se Enfoca en Sistemas Claves
  que Producen Vida en la Célula y en la Celebración   41
Mito: Cambia la Iglesia por Medio de la Crítica   42
Verdad: Permite que la Gente Vea que Funciona   43

**Capítulo 3: Crecimiento de la Iglesia
Mitos y Verdades**   45
Mito: El Crecimiento de la Iglesia es la Motivación Impulsora
  para Convertirse en Iglesia Celular   48
Verdad: La Teología es el Verdadero Fundamento Sobre el Cual
  se Debe Fundar una Iglesia Celular   50
Mito: Mi Iglesia Crecerá Si Decido Convertirme en Iglesia Celular   54
Verdad: Sólo Jesús Puede Dar Verdadero Crecimiento Orgánico   55
Mito: No Soy Exitoso Si mi Iglesia no Crece   57
Verdad: El Éxito Debe ser Medido por el Esfuerzo Fiel,
  y No por los Resultados   58
Mito: El Contexto Cultural Debe Dictar la Estrategia Ministerial   61
Verdad: La Biblia Critica Lo Bueno y lo Malo de Cada Cultura   62

Capítulo 4: El Liderazgo Mitos y Verdades   65
Mito: Dirigir a las Personas hacia el Sistema de Iglesia Celular Es
  Similar que Dirigirlas hacia Otros programas de la Iglesia   68
Verdad: Dirigir una Iglesia Celular Requiere un Tipo
  de Liderazgo Diferente   69

Mito: Está Bien Simplemente Añadir el Ministerio Celular
    a lo que Ya Estás Haciendo   70
Verdad: El Pastor Debe Hacer del Ministerio Celular su
    Prioridad Central   72
Mito: Los Pastores Principales Deben estar Disponibles para Todos   73
Verdad: Los Lideres Efectivos de Iglesias Celulares Delegan   74
Mito: Existen Menos Problemas en la Iglesia Celular que
    en el Ministerio Tradicional   75
Verdad: El Ministerio de la Iglesia Celular Revela Problemas A
    Menudo Escondidos Bajo el Trajín del Ministerio Tradicional   77
Mito: Todos los Pastores Deben Dirigir Grupos Celulares   79
Verdad: No Todos los Pastores Dirigirán un Grupo Celular.
    Evite el Legalismo de la Iglesia Celular   80
Mito: Si Fracasas, Prueba Otra Cosa   81
Verdad: Fracasar te Conducirá a Descubrir lo que Mejor
    Funciona en tu Contexto   81

Capítulo 5: Enfoque Celular Mitos y Verdades   85
Mito: La Iglesia Celular Trata Sólo Acerca de la Célula   88
Verdad: La Meta de la Iglesia Celular es Hacer Discípulos   88
Mito: Visualice a todos en la Iglesia como Líderes   90
Verdad: Todos Deben Ser Hacedores de Discípulos   91

Capítulo 6: Grupo Celular Mitos y Verdades   95
Mito: Las Células son una extensión del Servicio Dominical   98
Verdad: La Célula es la Iglesia   99
Mito: Las Células Deben abarcar a Todos los Grupos Pequeños   101
Verdad: Comience con una Definición de Calidad de la Célula   102
Mito: Todos los Grupos Deben ser Homogéneos   105
Verdad: Permita que la Homogeneidad se Desarrolle Naturalmente
    Mientras se Multiplican las Células   106
Mito: El Anfitrión Designado Debe Ser una Sola Persona   107

Verdad: Un Arreglo para Compartir el Privilegio de Anfitrión es
    A Menudo la Mejor Opción   108
Mito: Pedirles a Todos que Estén en una Célula Refrena
    el Uso de Dones Espirituales   109
Verdad: El Grupo Celular es el Mejor Lugar para Descubrir
    Dones Espirituales   109

Capítulo 7: Comunidad Mitos y Verdades   111

Mito: Las Células Tratan Sólo sobre Comunidad   114
Verdad: Las Células Enfatizan la Comunidad,
    El Evangelismo y la Multiplicación   114
Mito: La Reunión Celular va a Satisfacer Todas las Necesidades   116
Verdad: La Reunión Celular es Sólo Un Aspecto de la Vida
    en Comunidad   117
Mito: El Líder de la Célula Debe Fomentar Todas las Relaciones
    Dentro del Grupo   118
Verdad: Las Personas Dentro del Grupo Deben Compartir
    la Carga de fomentar las Relaciones   119

Capítulo 8: El Evangelismo Mitos y Verdades   121

Mito: El Enfoque de la Célula es Enteramente Evangelístico   124
Verdad: Las Células Efectivas Necesitan un Fuerte Núcleo
    de Creyentes   124
Mito: El Evangelismo en la Iglesia Celular es Sólo para Relacionarse   127
Verdad: No te Limites a Un Solo Método Evangelístico   128
Mito: Un Grupo Celular Debe Agregar un Cierto Número
    de Nuevos Cristianos Antes de Poder Multiplicarse   130
Verdad: Los Miembros de la Célula Deben Evangelizar pero Deben
    Evitar "Reglas Celulares"   131
Mito: Si la Célula Hace Énfasis en el Evangelismo y en la Multiplicación,
    Esta no Crecerá en Comunidad   132
Verdad: El Evangelismo que conduce a la Multiplicación Realza
    la Comunidad dentro del Grupo   133
Mito: El Evangelismo lo Hace el Líder de la Célula   134

Tabla de Contenido 7

Verdad: Cada Miembro de la Célula Debe Involucrarse en
    Alcanzar a Otros   134

Capítulo 9: La Multiplicación Mitos y Verdades   137
Mito: Todas las Células Deben Multiplicarse en Seis Meses   140
Verdad: El Ritmo de Multiplicación Dependerá de los Niveles
    de Receptividad   141
Mito: Cierre el Grupo Celular que en un Año No se haya
    Multiplicado   144
Verdad: Continúe Trabajando con los Grupos Celulares que
    No Están Creciendo   144
Mito: Una Célula se Multiplica Cuando Llega a Quince Personas   145
Verdad: Las Células se Multiplican Cuando un Hacedor de
    Discípulos Está Listo para Guiar al Nuevo Grupo   146
Mito: Cuando Dios Quiera que la Célula se Multiplique,
    se Multiplicará Naturalmente   148
Verdad: Lo Mejor es Hacer Planes Claros para la Multiplicación   149
Mito: La Multiplicación Destruye las Relaciones dentro del Grupo   150
Verdad: Se Pueden Mantener Las Relaciones Después
    de una Multiplicación   151

Capítulo 10: La Supervisión Mitos y Verdades   153
Mito: Encontrar el Modelo de Supervisión Correcto Es la Clave
    del Éxito   156
Verdad: La Relación entre el Supervisor y el Supervisado es Más
    Importante Que la Estructura   157
Mito: Los Supervisores Sólo Escuchan y Hacen Preguntas   158
Verdad: El Supervisor Busca Equipar al Líder de la Célula
    con lo que Sea Necesario   158

Capítulo 11: La Transición Mitos y Verdades   161
Mito: Deshazte de los Programas de Inmediato   164
Verdad: Para Recortar Programas Espera Hasta Tener
    Suficientes Células   165

Mito: Lánzate a la Iglesia Celular Inmediatamente 166
Verdad: Lo mejor es Tener un Plan de Transición a Largo Plazo 166
Mito: Debes Iniciar la Transición con un Prototipo 168
Verdad: Existen Varias Maneras para Hacer la Transición 168

Capítulo 12: Plantando Iglesias Mitos y Verdades 171

Mito: El Enfoque Debe Estar en el Éxito de una Sola Iglesia 174
Verdad: Es Deseable Plantar Nuevas Iglesias Celulares Más Pequeñas 175
Mito: La Iglesia Inicia Cuando el Servicio de Celebración Inicia 177
Verdad: La Iglesia Inicia cuando Inicia la Primera Célula 178
Mito: Abre el Servicio de Celebración lo Más Pronto Posible 180
Verdad: Espera hasta que Hayan Suficientes Personas en las
    Células para Iniciar las Celebraciones Semanales 181
Mito: Debes Iniciar un Servicio de Celebración Semanal 183
Verdad: Algunas Iglesias Celulares Nunca se Reunirán
    Semanalmente para una Celebración 183
Corre con la Verdad 185

Reflexiones 187
Apéndice 191
Notas Finales 195
Recursos de Joel Comiskey 199

AGRADECIMIENTOS

Soy el autor de este libro, pero he tenido mucha ayuda en el camino. En el largo proceso para hacer de este libro una realidad, estuvieron involucrados muchas manos y ojos los cuales contribuyeron a su obra final. Varias personas merecen un reconocimiento especial.

Un agradecimiento especial a Brian McLemore, Vicepresidente de Traducciones de World Bible Translation Center (www.wbtc.org) (Centro Mundial de Traducción de la Biblia), quien una vez más criticó mis esfuerzos, y el resultado fue un mejor libro.

Anne White, ofreció su asesoramiento experto y revisó meticulosamente este manuscrito, incluso editando las notas finales de equivocaciones y errores. Sus apreciaciones fueron de incalculable valor para la versión final de este libro.

Bill Joukhadar hizo un esfuerzo especial para revisar este libro y ofrecer numerosas sugerencias y correcciones. Atesoro mi amistad con Bill y sus percepciones. Su esfuerzo diligente hizo que este libro fuera mucho más limpio y fácil de leer.

Rae Holt, señaló frases difíciles y sobre todo me animó en el proceso.

Patricia Barrett, ofreció su sabio consejo para cada página de este libro.

Mis buenos amigos y miembros del equipo, Rob Campbell y Steve Cordle, ambos alentaron y desafiaron mi escritura. Realmente les agradezco por el tiempo que invirtieron en la revisión de este libro.

Scott Boren, mi editor en jefe, quien continúa haciendo un increíble trabajo de edición. Hemos trabajado juntos en veintiuno de mis veinticuatro libros.

Se dará cuenta que cada capítulo comienza con una percepción específica de pensadores que lideran iglesias celulares a nivel mundial. Les estoy tan agradecido por haber tomado tiempo de sus apretadas agendas para hacer de este libro algo mucho mejor.

Por último, quiero agradecer a mi maravillosa esposa, Celyce, por ser mi mejor amiga y proporcionarme la libertad y el incentivo para escribir este libro.

PRÓLOGO
POR RALPH NEIGHBOR

El Dr. Penrose St. Amant, en 1957 se sentó en el borde de su escritorio para darnos la bienvenida a los cuatro que estábamos iniciando el programa de doctorado en Historia de la Iglesia, que él enseñaba en el Seminario Teológico Bautista de Nueva Orleans. Extendiendo su brazo hacia nosotros, dijo: "Caballeros, ustedes han completado la capacitación para pastorear una iglesia. Ahora están adentrándose en una distinta tarea del Reino: ver la ecclesia desde una distancia objetiva y hablar proféticamente dentro de ella. Para poder hacer esto ustedes deben conocer la historia de la iglesia a través de los siglos. Luego ustedes deben sin temor alguno, evaluar la iglesia contemporánea y llamarla a rendir cuentas por sus actividades. Un falso espíritu religioso está engendrando la "iglesiología". No espere ser siempre apreciado al hacer esto. Recuerde a Martín Lutero. Enfrentó el asesinato cuando desafió la corrupción de la iglesia con su visión de lo que sería necesario hacer para reformarla.

Bajo la tutoría de St. Amant, empecé a inhalar la vida y el espíritu de Lutero. Me di cuenta que él no era dueño de sus convicciones, sino que ¡Él le pertenecía a ellas! La reforma de la iglesia inició cuando descubrió que el justo por la fe vivirá. Antes que las 95 tesis fueran clavadas en la puerta de la iglesia de Wittenberg, Lutero se arrodilló y lloró ante el crucifijo en el retablo, sollozando ¡"Mein Gott! ¡Mein Gott! ¡Fur Mich! ¡Fur Mich! Tuvo que cambiar la vida de la ecclesia para adaptarle su nueva comprensión del significado de redención.

El Dr. Joel Comiskey es uno de los hombres ungidos por el Padre para sostener la iglesia celular a distancia, para hablar de la teología que engendra la metodología. Ha trabajado durante muchos años en las trincheras, y ha escrito cuidadosamente este libro haciendo retumbar los mitos de la iglesia celular. En cada capítulo ha tomado del pensamiento de otros que comparten este viaje para mostrar la profundidad de lo que entre los mitos, es verdad.

Aquellos de nosotros que hemos sostenido a distancia la iglesia tradicional nos lamentamos haberle robado a Cristo Su verdadero cuerpo. El movimiento moderno de la iglesia celular se funda en la convicción de que somos "llamados" para ser habitados por Cristo, el Hijo. Él revelará su presencia mediante la manifestación de Su poder trabajando a través nuestro. Creemos que el Espíritu Santo nos ha bautizado para ser "cuerpos básicos" (células) para exponer a pequeños segmentos de la sociedad con Su vida redentora. Creemos que el principal instrumento de evangelización es la simple observación del obrar de Dios en nosotros por parte de los no creyentes. Creemos que todos somos sacerdotes y que conectamos a Dios con el hombre y al hombre con Dios. Creemos que los cinco ministerios descritos por Pablo en

Efesios son el trabajo de creyentes maduros para capacitar a otros para la obra del ministerio.

Esto simplemente no puede suceder en una estructura de iglesia donde las personas sólo se sientan en filas para escuchar los sermones y donde no son conformadas en comunidades cristianas básicas. La teología de la célula debe convertirse en un remplazo para el odre viejo, y no en un remiendo.

Quiero hacer un comentario acerca de los mitos antes que empieces a leer los capítulos de Joel. Un "mito" es un eufemismo para una ¡"mentira llana!" Aquí no estamos jugando ping-pong con las teorías del crecimiento de la iglesia; estamos en guerra. ¿Quién es el enemigo? Él es llamado "el padre de toda mentira, el gran engañador." Todo mito es un intento satánico para cegar nuestros ojos a la verdad. Las refutaciones tan efectivamente presentadas en este libro son un llamado a comprometerse con la iglesia auténtica. Gracias Joel, por permitirle al Señor que este libro fluyera a través de tu espíritu y habilidades.

Ralph W. Neighbour

INTRODUCCIÓN

Hace poco llevé a mi familia de vacaciones a Yosemite y antes de salir, vi la serie de televisión sobre los Parques Nacionales de EE.UU, a través de la cadena pública PBS. Aprendí que la mayoría de senderos de Yosemite fueron creados durante la Gran Depresión, cuando el servicio de parques nacionales generaba trabajo para miles de personas desempleadas. Al caminar sobre senderos acantilados de ríos y estrechas veredas de montaña, desarrollé una nueva apreciación por el duro trabajo de esos pioneros que marcaron el camino para nosotros.

La iglesia celular también tiene su cuota de pioneros. Moisés siguió el consejo de Jetro y alumbró un nuevo sendero de grupos pequeños de diez y de supervisores de cientos y de miles (Éxodo 18). Jesús demostró el poder del ministerio de un grupo pequeño al preparar a sus doce discípulos en una célula y luego al enviarlos a hacer nuevos discípulos (San Mateo 28). La Iglesia primitiva ha establecido el patrón de la celebración y de la célula al reunirse en el templo y de casa en casa (Hechos 2:42-46).

La Iglesia perdió mucha de su vitalidad durante la época de Constantino, pero recuperó el ideal bíblico a través de hombres como Philipp Spener, quien preparó las lecciones de su sermón del domingo y las distribuyó a los líderes de la célula semanal. Spener fue perseguido por cambiar el statu quo de ese período de tiempo.

No mucho tiempo después, el conde von Zinzendorf, un discípulo de Spener, tomó el concepto de grupo pequeño más allá e inculcó en sus grupos una visión misionera. Estos grupos misionales fueron conocidos como el movimiento Moravo, el precursor del movimiento misionero moderno.

Quizás más que cualquier otra persona, John Wesley impulsó el movimiento de las células solicitándoles a todos que participaran en un grupo celular, como pre-requisito de membresía. Una persona no podía entrar en el servicio de celebración sin antes mostrar un tiquete que indicara que él o ella habían participado en un pequeño grupo durante la semana. En otras palabras, el involucramiento celular era la piedra angular del movimiento metodista.

David Cho es la versión moderna de John Wesley con la promoción de grupos celulares que dan vida. En 1966, Cho lanzó veinte grupos celulares dirigidos por mujeres. De los veinte grupos, la iglesia creció a veinticinco mil células y a doscientos cincuenta mil personas que asistían a la iglesia central, fácilmente podemos decir que es la iglesia más grande en la historia del cristianismo.

Con los años, los líderes han construido sobre los hombros de estos pioneros. Hoy en día la mayoría de movimientos de la iglesia celular son dinámicos, positivos y aplicables. Como sucede con la mayoría de esfuerzos, los errores y las falsas suposiciones también afloran para destruir un movimiento que de otra manera fuera sano.

Me he dado cuenta que a veces estos falsos conceptos han causado que la iglesia se extravíe por completo. En otras ocasiones, han dirigido al pastor y a la iglesia por un camino sin salida, de ministerio sin frutos. A menudo, estos errores o mitos han surgido con buenas intenciones, pero crecieron para convertirse en reglas legalistas. Independientemente de cómo se generaron los mitos, estos tuvieron un efecto escalofriante en el ministerio de la iglesia. Como supervisor de célula, me descubrí perdiendo tiempo cada vez más y más, tratando de desenredar los mitos y las medias verdades, y señalando el camino hacia un ministerio de iglesia celular, equilibrado y basado en principios.

Entonces comencé a escribir blogs sobre lo que estaba viendo y, eventualmente decidí enseñar en seminarios alrededor del mundo sobre los mitos y verdades. Pastores y líderes respondieron con su confirmación y agradecimiento, y sentí que tenía que dar el siguiente paso y anotarlos en un formato de libro, para que más personas pudieran beneficiarse.

Mi objetivo en este libro es ayudarte a evitar caer en trampas, y a mantenerte en el camino correcto. Quiero ayudarte a aplicar principios Bíblicos probados a través del tiempo que te guiarán a un ministerio celular fructífero. Ya sea que estés comenzando por primera vez en el ministerio celular, o seas ya un veterano experimentado, mi deseo es entregarte las herramientas que le ayuden a tu ministerio para mantenerse fresco y fructífero.

Cada capítulo comienza con un toque único. Alrededor del mundo hay grandes pastores y líderes de iglesias que tienen décadas de sabiduría en el trabajo con grupos celulares. Ellos saben de primera mano sobre la realidad de estos mitos a través de la punzante experiencia. Les he pedido a algunos de estos líderes responder una pregunta sobre cada tema en forma de un correo electrónico, como si estuvieran respondiendo una pregunta de un pastor que quiere recolectar la sabiduría visionaria de un veterano. Estoy agradecido por el tiempo que se tomaron estos líderes para contribuir con este libro. Espero que disfruten de sus sabios consejos.

Uno

VISIÓN MITOS Y VERDADES

Estimado Pastor Ben Wong,

A medida que sondeo el panorama de los líderes de las iglesias celulares, me he dado cuenta que pocos tienen el tipo de experiencia que usted ofrece. A partir de su experiencia con la iglesia en Hong Kong, y la red de iglesias a las cuales les ha ayudado con su apadrinamiento, me gustaría saber lo que piensa acerca de los grupos celulares y sobre el tamaño de la iglesia. Sé que usted trabaja con todo tipo de iglesias. ¿Podría darnos sus percepciones sobre cuál debe ser la meta de crecimiento para tener una iglesia grande?

Gracias por ayudarme con esta información.
Pastor Juan

Estimado Pastor Juan,

Hay muchas iglesias celulares enormes en el mundo, y he aprendido mucho de ellas a través de los años. Sin embargo, más del 80% de todas las iglesias tienen menos de 100 miembros. Lamentablemente, el enfoque es puesto de manera sistemática en las iglesias más grandes y exitosas; y las más pequeñas a menudo sienten que son un fracaso. La mayoría de estos pastores son personas muy fieles, pero les resulta difícil romper la barrera de 100 miembros. Muchos de ellos están sufriendo, porque sienten que han fracasado.

Hace unos quince años se hablaba mucho sobre la multiplicación de los grupos, y de la forma en que iniciaría lentamente para luego ganar impulso exponencial. Si usted simplemente hace los cálculos podrá ver cómo esto podría funcionar. Dos grupos se convierten en cuatro. Cuatro se convierten en ocho. Ocho en dieciséis. Dieciséis en treinta y dos. Luego 64. Luego, 128. Creo que se hace la idea de esto. La implicación era que el crecimiento exponencial fuera la expectativa y que el mega-tamaño fuera el enfoque de la iglesia celular.

Creo que a través de los años hemos aprendido sobre la falacia de este enfoque. Años de experiencia han puesto de manifiesto que el crecimiento no es controlado por fórmulas matemáticas. Es mucho más complicado que eso. La realidad es que algunas células no crecen y se multiplican como uno lo desea. Algunos líderes son transferidos a otras partes del mundo. Algunos se enferman y no pueden servir más.

Pero, hay grupos que crecen y lanzan otros nuevos. Y esto puede conducir al crecimiento. Pero no todas las iglesias van a crecer en tamaño. De hecho, la cosecha se ve obstaculizada cuando asumimos que las grandes iglesias tendrán el principal impacto del Reino sobre una ciudad. Una red de iglesias más pequeñas (de menos de 150 miembros) podría ser el sabio camino a seguir. Así cuando una iglesia crezca de 70-160 miembros, la iglesia podría enviar de 25 a 50 personas para iniciar una nueva labor.

Las iglesias pequeñas importan. El hecho es que los estudios han demostrado que en una iglesia pequeña se necesitan menos personas para conducir a alguien a Cristo que en una iglesia grande. Así que, asumir que el enfoque debe estar puesto en crecer a lo grande te podría conducir por el camino equivocado. En vez de eso piensa en la posibilidad de crecer a lo grande multiplicando en pequeño.

Espero que esto te ayude,

Ben Wong, *fundador de Shepherd Community Church (Iglesia de Comunidad El Pastor) y de Cell Church Missions Network (Red Misionera de Iglesias Celulares)*

Mito:

La Estrategia de la Iglesia Celular es una Estrategia de Mega Iglesia

Cuando empecé a escribir acerca de las iglesias celulares, un comité directivo me condujo a estudiar las iglesias celulares más grandes en todo el mundo, porque estas eran las más prominentes. Me dijeron que las personas las reconocerían con mayor facilidad y se benefician más de mi estudio

Me pasé de una a dos semanas en cada una de estas iglesias, en las que su número de miembros rondaban los cientos de miles de personas y decenas de miles de grupos. Llevé a cabo entrevistas, pasé un cuestionario, y traté de comprender cada modelo en particular. Luego, clasifiqué los principios que cada iglesia tenía en común, así como lo que las hacía diferentes.

Comencé a enseñar acerca de los principios que vi en estas grandes iglesias. Sin embargo, en mis enseñanzas di la impresión que el objetivo era crecer hasta alcanzar el tamaño de estas mega-iglesias celulares. Varias veces durante mis primeros seminarios hubo personas que me retaron a tener una iglesia celular para hacerla crecer. Yo titubeaba un poco y respondía que Dios quiere el crecimiento de la iglesia, y sí, es Su voluntad que nuestras iglesias crezcan. Me resultaba difícil ocultar mi preferencia por las grandes iglesias celulares en crecimiento. Estas habían capturado mi atención, y me parecía que su ejemplo debía estimular a otras iglesias para ampliar su propia visión.

Sin embargo, me encontré con un gran obstáculo. Prácticamente todas las personas en mis seminarios provenían de iglesias más pequeñas. Y muchos se sentían incompetentes mientras yo daba ejemplo tras ejemplo de iglesias celulares grandes. Ya fuera de manera intencional o no, la esencia de mi mensaje era que crecer a grandes proporciones era una señal segura de éxito. ¿Debería ser la meta crecer para convertirse en una gran iglesia celular?

Verdad:

Pocas iglesias Alcanzan el Estatus de Mega-Iglesia

La mayoría de las iglesias alrededor del mundo tienen de cincuenta a cien personas. De acuerdo con el Estudio Hartford sobre las iglesias norteamericanas, la iglesia promedio en Norteamérica tiene setenta y cinco adoradores el día domingo. Incluso en Corea, la tierra admirada por las iglesias más grandes del mundo, la mayoría de iglesias son muy pequeñas.

El hecho es que la gran mayoría de pastores alrededor del mundo no han sido llamados para dirigir una gran reunión de celebración. Dios simplemente no los ha dotado para hacerlo. Administrar una iglesia tan grande involucra el manejo de detalles que la mayoría de las personas simplemente no están preparadas para manejar.

Mi amigo, Ben Wong y yo muchas veces hemos discutido acerca del problema de las iglesias celulares pequeñas, de cómo se sienten incompetentes cuando nosotros siempre enfatizamos sobre la importancia de las mega- iglesias celulares.

Wong escribe,

> Las iglesias pequeñas conforman la gran mayoría de iglesias en el mundo. La mayoría de pastores se convirtieron en pastores porque aman a Dios y desean amar a su pueblo. La realidad es que en una iglesia pequeña esto puede suceder de manera más efectiva. De hecho, si la iglesia se hace más grande que de 80 personas, el pastor necesitará ser más administrativo, y puede ser

que necesite una habilidad que no posee. Las iglesias grandes necesitan a un emprendedor, y muy pocos pastores son así.

Cuando nosotros promovemos constantemente a las iglesias grandes, en nuestras conferencias, libros, blogs, y artículos, damos la impresión que las iglesias pequeñas son un fracaso. No lo son.

En una oportunidad me pidieron disertar sobre la iglesia celular a los líderes claves en el área de misiones a nivel mundial de la denominación Bautista del Sur, en sus oficinas centrales en Virginia. Me asaron vivo con preguntas acerca de por qué el movimiento de la iglesia celular se enfocaba en las pocas mega-iglesias celulares, como si ellas fueran la norma. Ellos deseaban una estrategia más simple y más reproducible, una que no requiriera grandes edificios, terrenos caros, y un personal numeroso. Estaban trabajando en países en vías de desarrollo y se dieron cuenta que la tierra era simplemente demasiado cara, y el dinero invertido en los edificios era contraproducente. Ellos estaban buscando estrategias sencillas y reproducibles.

Estuve de todo corazón de acuerdo con su evaluación, y también creí que el énfasis excesivo en las mega-iglesias celulares fue imprudente. Les dije que idealmente la mayoría de iglesias celulares serían pequeñas, simples y reproducibles. Algunas, les dije, sin embargo, crecerán a un tamaño gigantesco, esto dependiendo de los dones del pastor principal y de la gracia soberana de Dios. Hice énfasis una vez más en que tales iglesias no serían siempre exuberantes, ni la norma; por el contrario, el énfasis debía estar puesto en iglesias más pequeñas y activas.

En mi libro, *Planting Churches That Reproduce: Starting a Network of Simple Churches* (Plantando Iglesias que se Reproducen: Iniciando una red de iglesias sencillas), hago énfasis en la necesidad de iglesias celulares más pequeñas y reproducibles que generen nuevas plantaciones de iglesias en un tamaño más pequeño.

Las iglesias más pequeñas están aquí para quedarse. Dios las tiene y las usará para Su gloria. Los pastores que están plantando células, alcanzando a los perdidos, haciendo discípulos y plantando nuevas iglesias necesitan sentirse seguros de que están en el camino correcto.

Mito:

La Iglesia Celular No Funciona

Muchos pastores ven a la iglesia celular como una estrategia que podría funcionar en otras culturas, pero no en la suya. Esto es especialmente cierto en el mundo Occidental. Un líder de una iglesia norteamericana, me escribió, "El otro día, estaba con un grupo de pastores. Uno de los pastores, quien es un plantador de iglesias, dijo que el ministerio celular no está funcionando en la cultura americana y que por lo general se hace a un lado aquí en los Estados Unidos. Funciona en otras culturas, pero no aquí". A muchos pastores les hace eco la preocupación de que la iglesia celular pueda funcionar allá, pero no aquí. Es fácil ver a las iglesias celulares en crecimiento en otras culturas, y concluir: no funcionará en mi contexto.

Verdad:

La Iglesia Celular Trae Salud, Vida y Crecimiento

La mayoría de pastores quieren más crecimiento en la iglesia de lo que experimentan en la actualidad. Sin embargo, en muchos lugares alrededor del mundo hay un declive en la espiritualidad y en el crecimiento de la iglesia en general. En el mundo Occidental este declive ha tenido lugar lentamente, pero de seguro desde hace muchos años. El libro de David Olson, *The Crisis of the North American Church* (La crisis de la Iglesia Norteamericana), destaca la disminución de asistencia a la iglesia en Norteamérica. Europa se encuentra aún en peor estado. El ministerio en el mundo Occidental es difícil.

La estrategia de la iglesia celular les recuerda a los miembros de la iglesia que no basta con venir a la iglesia los domingos, escuchar un mensaje, y luego repetir el proceso la semana próxima. El ministerio celular les ayuda a los miembros a vivir el mensaje durante la semana, rendir cuentas a un grupo más pequeño de creyentes, y recibir capacitación para convertirse en un hacedor de discípulos.

La buena noticia es que las iglesias celulares tienen una mayor probabilidad de sobrevivir en climas resistentes y, en la actualidad están creciendo más que las iglesias no-celulares. Natural Church Development (NCD) (Desarrollo Natural de la Iglesia) hizo un estudio a nivel mundial que utilizó veinte millones de piezas de datos para comparar las tasas de crecimiento de las iglesias celulares con las iglesias-no celulares. El estudio descubrió que las iglesias celulares crecen 2.5 veces más rápido que las iglesias tradicionales, y de acuerdo con los ocho factores de salud del NCD son más saludables.

El NCD aplicó los mismos datos específicamente para Norteamérica, y los resultados fueron los mismos. El estudio mostró que las iglesias celulares en general obtuvieron puntuaciones más altas que las iglesias no-celulares en todas las áreas. Este estudio proporciona evidencia estadística de las iglesias celulares, que estas crecen tanto en calidad como en cantidad, ya estén en Norteamérica, Europa o África.

Esta información les da esperanza a aquellos que han dudado que la estrategia de la iglesia celular pueda traer a sus iglesias un crecimiento cualitativo y cuantitativo. Para aquellos que estén plantando una iglesia o cuya congregación esté en transición de una iglesia convencional a una iglesia celular, este estudio es un recordatorio que el ministerio de la iglesia celular realmente les proporcionará un impulso en el servicio de adoración, en la plantación de iglesias, y además traerá crecimiento en general (vea el apéndice acerca de este estudio en particular sobre el NCD).

Mito:

La Iglesia Celular Es una Moda Pasajera

Muchos ven a la iglesia celular como una gran moda de la década de los 90's, pero creen que ahora en la iglesia hay más estrategias que están a la vanguardia. Algunas de las tendencias más nuevas son el ministerio de sitios múltiples, los modelos del rastreador "Seeker Models", los sitios de video, y muchos más. Algunos piensan que la iglesia celular tuvo su época pero que la vida de la iglesia y del ministerio la ha superado, y que ahora nosotros debemos enfocarnos en cambios más prometedores.

Verdad:

La Iglesia Celular Tiene Raíces Profundass

Recientemente estuve leyendo un libro de Ron Trudinger llamado *Cells for Life: Home Groups, God´s Strategy for Church Growth* (Células para la Vida: Grupos de Hogar, La Estrategia de Dios para el Crecimiento de la Iglesia). El autor escribe con aguda claridad sobre la efectividad de los grupos de células en hogares y su poder para transformar vidas y levantar nuevos líderes. Mientras leía el libro, tenía que continuar recordándome que ¡Trudinger ya está en el cielo, y que escribió el libro en 1979!

No hay nada nuevo debajo del sol. Los grupos celulares en hogares han estado en el panorama por un largo, largo tiempo.

Al reflexionar sobre mi propio ministerio, me siento profundamente consciente y agradecido con los pioneros que me han antecedido.

El libro de Carl George de 1991, *Prepare Your Church for the Future* (Prepara Tu Iglesia para el Futuro) revolucionó mi propia visión sobre los grupos celulares y transformó mi ministerio, estoy sostenido en sus hombros. También estoy muy agradecido por Ralph Neighbour y por Bill Beckham, dos pioneros de la Iglesia celular que han ayudado a tantas iglesias a entender los valores y principios detrás del ministerio celular. Siempre que leo el libro de Neighbour *Where do We Go from Here* (De Aquí Hacia Donde nos Dirigimos) recibo una nueva perspectiva, y crece mi apreciación por ambos, el autor y su profunda teología de la iglesia celular.

Regresando aún más atrás, vemos a David Cho, el fundador del movimiento de la iglesia celular de los tiempos modernos. Aún no me recupero totalmente de leer el libro de Cho, allá por el año de 1984, *Successful Home Cell Groups (*Exitosos Grupos

Celulares en los Hogares). El cual encendió una pasión dentro de mí por la posibilidad de tener un ministerio de grupos en hogares. Pero Cho no inició el movimiento de iglesia celular, él se sostiene en los hombros de John Wesley y del movimiento Metodista, quienes fueron auxiliados por los Moravos, quienes a su vez fueron muy influenciados por los Pietistas. Y todos ellos se fundamentan en el énfasis del nuevo testamento del ministerio en los hogares, y en las celebraciones de adoración (Hechos 2:42-46).

El movimiento de la iglesia celular de los tiempos modernos no es nuevo. Es en realidad bastante antiguo. Estoy agradecido por el trabajo pionero de Ron Trudinger, y de los otros.

Nosotros hoy en día somos el movimiento de la iglesia celular y le pedimos a Dios visión y dirección para el futuro, a la vez estamos muy agradecidos por que la iglesia celular no es una moda pasajera. La iglesia celular está aquí para quedarse.

Dos
MODEL MYTHS AND TRUTHS

Estimado pastor Mario Vega,

No soy nuevo en el liderazgo pastoral, pero soy relativamente nuevo en el mundo de la iglesia celular. He leído sobre su ministerio celular en Elim, y estoy maravillado por cómo Dios usa su iglesia. Tengo algunas preguntas sobre cómo encontrar el modelo de iglesia celular correcto. ¿Me podría aconsejar?

Gracias por su tiempo,
Pastor Guillermo

Pastor Guillermo,

El ministerio celular es emocionante, y tu búsqueda por ayuda o aportes es admirable. Muchos sólo se apresuran sin hacer preguntas difíciles. Esta es mi perspectiva:

No crees grupos celulares solamente por el crecimiento numérico. Mientras otros pastores luchen por copiar modelos exitosos de otras iglesias, tú no debes perder de vista el hecho que la clave para el éxito celular no está en seguir un modelo sino en seguir valores y principios.

Cuando hablamos de valores, me refiero a verdades bíblicas. Por ejemplo, en la Biblia encontramos enseñanzas sobre el sacerdocio de todos los creyentes, el amor unos por otros, y todos los demás mandamientos para practicarlos unos con otros (ejemplo: edificarnos unos a otros, orar unos por otros, exhortarnos unos a otros, confesar los pecados unos con otros, etcétera).

Y luego están aquellos principios que han sido aprendidos a través de la experiencia al poner en práctica el ministerio celular. Me estoy refiriendo no sólo al movimiento celular de hoy en día (unos cincuenta años de experiencia) sino también a las iglesias Anabaptistas, los Puritanos, los Moravos y la iglesia de Wesley. Todos trabajaban con grupos celulares de manera diferente, pero compartían valores y principios comunes.

Los modelos emergen de la aplicación de los valores y principios a un contexto de iglesia en particular. Los modelos responden a los contextos culturales, y por lo tanto, son los hijos del tiempo y las circunstancias. Lo que fue valido en algún momento, en otro momento o lugar no tendrá necesariamente importancia alguna.

Puede ser de ayuda estudiar modelos celulares para obtener ideas y nuevas percepciones, Pero siempre habrá ciertos elementos que no se aplicarán a tu cultura y contexto. Debido a eso, tú debes ser muy creativo y desarrollar tu propio modelo.

Los modelos no son transferibles, pero los valores y principios son ciertamente validos en todo lugar y momento. Los valores contienen verdades porque son tomados de la Biblia. Los principios también pueden ser aplicados porque han sido identificados en muchos lugares y en diferentes períodos de tiempo. Sin embargo, los modelos responden a un lugar y tiempo específico.

Una vez desarrolles tu propio modelo, debes seguir perfeccionándolo porque de seguro necesitará mejoras. Al continuar trabajando en él, tú podrás hacer los ajustes que consideres necesarios. Todos los modelos celulares se están ajustando y permanentemente actualizando. No obstante, yo tendría cuidado con los grandes ajustes. En otras palabras, no te cambies de un modelo a otro. Si lo haces, ya no estarás enfocándote más en los valores y principios sino en el modelo en sí. También es una manera segura de desanimar a la iglesia porque los miembros estarán confundidos y se cerrarán a la visión celular.

¿Cuál es el propósito fundamental del trabajo celular? Es volver a vivir los principios y valores de la Iglesia del Nuevo Testamento. Asimilar los valores y principios. Meditar en ellos, vivirlos, ajustar tu mentalidad a ellos, y luego, Dios te dará tu propio modelo en Su tiempo. El secreto para un trabajo celular exitoso es que no hay secreto; el éxito viene cuando vivimos los valores de la iglesia del Nuevo Testamento.

Muchas bendiciones,
Pastor Mario Vega, *pastor de Iglesia Elim de El Salvador y de Elim Internacional*

Mito:

Seguir un Modelo en Particular Traerá el Éxito

Consulté con una iglesia que seguía el modelo de los Grupos de Doce, desarrollado en Bogotá, Colombia. Descubrí que antes de apresurarse al campo G12, estaban siguiendo el modelo de Cho, y antes de eso copiaron el modelo de la iglesia Saddleback. Ahora ondeando la bandera G12 estaban haciendo un gran esfuerzo por copiar exactamente el modelo.

Hasta hicieron viajes a la Misión Carismática Internacional, en Colombia e hicieron peregrinajes similares a otras iglesias famosas del G12. Ellos querían capturar la unción de estas iglesias, para experimentar un crecimiento similar. A pesar de sus grandes expectaciones, sus iglesias no crecieron. Al hablar con este equipo pastoral, se hizo evidente que habían descuidado fundamentos celulares básicos con la esperanza que el modelo produjera crecimiento automáticamente. Noté poca flexibilidad, y un enfoque enfermizo en la estructura externa que no se ajustaba a su cultura, denominación, y trasfondo.

Estos pastores no están solos. Muchos pastores encubierta o abiertamente creen que encontrar el modelo correcto desatará su éxito. Puede ser que hayan escuchado al pastor de una iglesia celular en crecimiento decir algo como esto, "Todo lo que tienes que hacer es seguir lo que yo estoy haciendo y tu iglesia crecerá." Luego te dan la instrucción de regresar múltiples veces para aprender los procedimientos correctos. Pero ¿Será la mejor manera de proceder la de escoger y seguir un modelo?

Verdad:

Aplique Principios a su Situación Específica

Muchos pastores simplemente no comprenden que los principios -no los modelos- producen fruto. Las iglesias celulares en crecimiento son innovadoras y quiebran los moldes. David Cho, por ejemplo, en su lecho de muerte se convenció del modelo celular. Él se dio cuenta que el consejo de Jetro a Moisés en Éxodo 8 se aplicaba a su propia situación. Luego él leyó sobre las iglesias en las casas en el libro de los Hechos, y Dios le dio la visión de iniciar grupos en los hogares. Él tuvo que innovar y reajustar su estructura al ir avanzando porque él estaba siendo pionero en nuevos terrenos. Él siguió el Espíritu de Dios en base a lo que vio en las Escrituras.

La Iglesia Elim hizo algo similar. Ellos se emocionaron con el ministerio celular después de visitar la iglesia de Cho en Corea, pero se dieron cuenta que tenían que adaptarlo a la cultura salvadoreña. El modelo exacto de Cho no les funcionaba. Ellos determinaron que cada célula necesitaba una reunión de planificación semanal para prepararse para el grupo celular. Esta reunión semanal de planificación se daba en adición a la reunión de célula semanal, y todos los miembros eran animados a asistir. Esta fue una de las claves que desató frutos celulares en su propia cultura.

Los principios tienen precedencia sobre los modelos. Los principios permiten la flexibilidad y se aplican a una amplia gama de situaciones. Los modelos están atados a la cultura.

Los modelos son inflexibles y a menudo requieren de un conjunto exacto de circunstancias para que funcionen. Los principios se aplican a cualquier denominación, cultura, o situación.

En mi estudio de iglesias celulares alrededor del mundo, he descubierto varios patrones comunes o principios:
1. Dependencia en Jesucristo a través de la oración.
2. El pastor general y el equipo de liderazgo entregando un liderazgo fuerte y visionario al ministerio celular.
3. El ministerio celular es promovido a ser la columna vertebral de la iglesia.
4. Definición clara de un grupo celular (semanalmente, fuera del edificio de la iglesia, evangelístico, cuidado pastoral/discipulado, meta clara de multiplicación).

Las cuatro anteriores son las más importantes, pero noté otros principios en común entre estas iglesias celulares en crecimiento.
- La pasión detrás del ministerio celular está alcanzando a un mundo perdido para Cristo.
- La reproducción (multiplicación) es un objetivo importante de cada grupo celular.
- Se espera de todos la asistencia a la célula y a la celebración.
- La capacitación para líderes es requerida para todos los potenciales líderes de células.
- Liderazgo celular desarrollado dentro de la propia iglesia hacia todos los niveles.
- Una estructura de atención, inspección y supervisión para cada nivel de liderazgo.
- Un sistema de seguimiento de visitas y de nuevos convertidos administrado a través de los grupos celulares.
- Lecciones de células basadas en las enseñanzas del pastor para promover la continuidad entre la célula y la celebración (aunque se puede dar la flexibilidad para satisfacer las necesidades de grupos homogéneos específicos).

El enfoque en los principios permite que haya más que suficiente adaptación e innovación. De hecho, admiro a pastores que han ajustado su ministerio celular para encajar mejor en su propio contexto. En vez de ser esclavos del modelo de otro, los pastores deben seguir los principios, y convertirse en un ejemplo fresco y vibrante en su propio contexto.

Mito:

El Número 12 Tiene Un Significado Especial en la Organización de Grupos

La Misión Carismática Internacional en Bogotá, Colombia, explotó con crecimiento en los 90s y se convirtió en una sensación mundial. Escribí sobre su iglesia en mi libro, Groups of twelve: a New Way to Mobilize Leaders and Multiply Groups in Your Church. (Grupos de Doce: Una Nueva Forma de Movilizar a los Líderes y de Multiplicar Líderes en Tu Iglesia). Más adelante tuve que retirarle mi apoyo a esta iglesia debido a su fijación con el número doce y por promover su propio modelo con exclusividad. ¿Habrá sido para la MCI estar basado en el número 12 el secreto de su éxito?

Verdad:

Los Principios de Evangelismo y Discipulado Hacen que el Ministerio Celular funcione

La Misión Carismática Internacional se hizo efectiva siguiendo ciertos principios en vez de un número en particular. Un principio que perfeccionaron fue el de ver a cada persona en la iglesia como un líder potencial- no sólo a aquellos con don de evangelismo o de liderazgo.

Ya que la MCI vio el potencial de liderazgo celular en cada miembro, el paso lógico fue capacitar a cada persona para participar en el ministerio celular. Mucha de su capacitación involucraba romper ataduras y liberar a personas de los pecados que los mantenían atados.

La MCI también veía a cada líder como un supervisor potencial y le pedía a cada líder padre/madre de célula que supervisara la célula que había dado a luz. Debido que en el modelo G-12 los supervisores no eran nombrados, cada líder tenía más motivación por multiplicar grupos celulares.

Tristemente, la MCI cayó en la trampa de pedirles a todos que siguieran su modelo completo, en vez de los principios que podían ser adaptados y ajustados de acuerdo al contexto. Empezaron a promover su modelo completo como el único modelo ungido. Les pidieron a las iglesias que adoptaran su modelo en vez de adaptar los principios. Mi consejo es adaptar los principios del G-12 en vez de adoptar el modelo G-12.

Mito:

Una Vez que Tengas un Modelo, Apégate a él

Cuando una iglesia sigue los principios de la iglesia celular a través del tiempo, puede llegar a convertirse en un ejemplo a seguir para otros. Otros pastores pueden llegar de visita, hacer preguntas, y aun participar en la red de la iglesia. Una vez que una iglesia ha llegado a este punto ¿Será lo mejor apegarse a la estrategia exacta que ha producido ese crecimiento?

Verdad:

Innova y Cambia El Modelo según El Espíritu te Dirija a Hacerlo

Una iglesia nunca llega a la perfección. Siempre hay lugar para mejorar. De hecho, en el momento en que una iglesia piensa que ha llegado a la perfección, probablemente ha empezado su espiral descendente.

John P. Kotter, un catedrático de negocios de la Universidad de Harvard, escribió un libro llamado A Sense of Urgency (Un Sentido de Urgencia), en el cual dice que:

La complacencia es mucho más común de lo que podemos pensar, y muy a menudo invisible a los ojos de las personas involucradas. El éxito fácilmente produce complacencia. Ni siquiera tiene que ser un éxito reciente. La prosperidad de muchos años de una organización pudo haber terminado hace una década, y sin embargo la complacencia creada por esa prosperidad puede seguir viva, a menudo porque la gente involucrada no se da cuenta.[4]

Uno de los puntos principales de Kotter es que la enemiga del progreso es la complacencia que viene del éxito. Por supuesto que Kotter habla sobre negocios, pero las iglesias caen dentro de la misma trampa.

Las iglesias a menudo pierden la dependencia urgente en Jesucristo cuando las cosas van bien. Se vuelven complacidas con sus modelos, edificios y otros signos externos de éxito. Se olvidan del sentido de urgencia que les llevó a ser fructíferos. Cuando una iglesia arriba a lo que se considera el punto óptimo de crecimiento y de ser fructífero, la tentación es quedarse allí, en vez de proseguir a alcanzar nuevas alturas y ganar nuevos terrenos. Estuve en una iglesia celular en la que sus líderes no querían escribir su estructura porque estaban cambiando y adaptándose continuamente. "Estamos siguiendo el Espíritu de Dios y cambiando diariamente de acuerdo al plan de Dios", me dijo el pastor de jóvenes. Me di cuenta que el secreto de su éxito era depender de Jesús.

Uno de los secretos del continuo fructificar de Elim a través del tiempo es la práctica de conteos estadísticos precisos. Ellos no esconden nada. Cada semana, Elim sabe exactamente lo que ocurre en el sistema celular, y tienen la capacidad de hacer cambios rápidos cuando se divisan puntos débiles.[5]

Esas iglesias que continúan llevando fruto después de un largo tiempo dependen de Dios, les indican a las personas reproducir principios, y hacen correcciones a mitad del camino.

Mito:

La Iglesia Celular se Enfoca Exclusivamente en la Célula y en la Celebración

Muchos han asemejado la iglesia celular con un pájaro de dos alas. Al igual que un pájaro necesita dos alas para volar, las iglesias celulares crecen tanto en la célula como en la celebración. Las células se reúnen durante la semana, pero luego esas células vienen juntas a la celebración del domingo. Las comparaciones de dos alas son hechas con tanta frecuencia que muchas personas no se dan cuenta que las iglesias celulares necesitan estructuras de soporte adicional para funcionar efectivamente. ¿Cuáles son esos sistemas adicionales?

Verdad:

La Iglesia Celular se Enfoca en Sistemas Claves que Producen Vida en la Célula y en la Celebración

Además de la célula y la celebración, otros sistemas hacen funcionar a la iglesia celular. Los dos más importantes son la capacitación y la supervisión.

Capacitación

Las iglesias celulares tienen un proceso de paso a paso para llevar a una persona desde la conversión hasta la madurez espiritual. La ruta de capacitación está íntimamente unida con el ministerio celular y promueve el proceso de multiplicación celular.

Los sinónimos de la palabra "ruta" incluyen camino, senda, canal, carretera. Una Ruta de equipamiento o capacitación lleva al nuevo creyente del punto A al punto B. La capacitación es específica, y el resultado final produce discípulos que hacen otros discípulos a través de nuevos grupos celulares. Las rutas de capacitación de la iglesia celular destacan claridad y "viabilidad". Tienen un inicio y un final definido, y una persona nueva que entre a la iglesia puede entender fácilmente cómo llegar del punto A al B.

Supervisión

Una de las diferencias claves entre grupos que inician y fracasan, y los que lo logran a largo plazo, se resume en una sola palabra: supervisión.

Aún lo mejor de lo mejor necesita un entrenador. Michael Jordan necesitó un entrenador. Los entrenadores de Jordan divisaban la estrategia del equipo opositor, defendieron a Jordan contra árbitros y jugadores envidiosos, y sabían qué ejercicios y destrezas necesitaba Jordan para mejorar. Un entrenador ve el panorama completo y le puede ayudar al jugador a alcanzar todo su potencial.

La mayoría de iglesias pueden iniciar grupos exitosamente—aún cientos de ellos. La gente fácilmente hasta ofrecerá sus hogares—por unas cuantas semanas. Sin embargo, para lograrlo a través del paso del tiempo, los líderes del grupo-pequeño deben tener un sistema de apoyo de alta-calidad, bastante parecido a la línea de suministros que canaliza alimentos y materiales a los soldados fatigados por la batalla. La estrategia impulsada por células alcanza el éxito o fracasa en base a la calidad de supervisión dada a los líderes de células.

Mito:

Cambia la Iglesia por Medio de la Crítica

Jesús me salvó a los diecisiete años, y cuando tenía diecinueve me uní a un ministerio de milagros llamado Shekinah Fellowship (Hermandad Shekinah). Brant Baker, era el líder de Shekinah, y el ministerio prosperó por algunos años. Sin embargo al transcurrir los meses, noté que el mensaje de Brant Baker era cada vez más negativo contra la iglesia. Constantemente escuchaba, "la iglesia está muerta y el poder milagroso de Dios a través de Shekinah es la respuesta". Muy pronto después de esta ola de negatividad, Shekinah perdió su rumbo y sucumbió. Años más tarde, noté a otro conocido ministerio haciendo comentarios negativos acerca de la iglesia de Jesucristo. Una vez más escuché el repetido mensaje que la iglesia había fallado, y que este nuevo ministerio había sido levantado para revivir a la adoleciente iglesia. Al igual que Shekinah, este ministerio creció rápidamente y luego decayó cuando su fundador murió. Algunos dentro del movimiento celular se destacan por rebajar a otros, mientras exaltan la estructura celular como el nuevo odre nuevo. Ellos construyen una mentalidad de "nosotros-ellos". Todos los demás están trabajando mal en el ministerio, y el único grupo que lo está haciendo bien es la iglesia celular. De hecho, muchos abrazan la iglesia celular porque están desilusionados con la iglesia tradicional. Sin embargo ¿Puede la negatividad sostener el movimiento de la iglesia celular?

Verdad:

Permite que la Gente vea que Funciona

Las iglesias y los ministerios colocan un débil fundamento con un mensaje negativo. Por supuesto que las escrituras critican nuestras vidas y ministerio y nunca endulzan la verdad. Sin embargo, una vez que han sido colocados los fundamentos teológicos para el ministerio celular, las personas necesitan un mensaje positivo de cómo implementar ese mensaje bíblico en su propia cultura y contexto. He pasado mucho tiempo en Brasil trabajando dentro del ministerio de iglesia celular, y he escuchado testimonio tras testimonio de iglesias que han aplicado principios celulares y han visto un maravilloso fruto. Su fruto animó a otros pastores Brasileños a seguir adelante. Testimonios como este originan cosas maravillosas. Les proporcionan a otros una ventana hacia algo real, algo que ha sido trabajado en medio de los duros golpes de la vida.

Solamente hazlo. Deja que las personas vean los resultados en acción. Yo, en lo personal creo que el ministerio de la iglesia celular es la mejor estrategia disponible. Sin embargo, me doy cuenta que no es la única estrategia y que Dios está usando a varios ministerios para bendecir a su cuerpo, y hacer crecer a su iglesia. Dios me ha colocado sobrenaturalmente en su cuerpo para animar y afinar el ministerio de la iglesia celular. Todos aquellos que viven bajo el Señorío de Cristo y están comprometidos con su infalible palabra, forman parte de Su iglesia orgánica. Los líderes de la iglesia de Cristo deben tener mucho cuidado de no atormentar ni hablar mal del bendito cuerpo de Cristo.

Tres
CRECIMIENTO DE LA IGLESIA MITOS Y VERDADES

Estimado Bill Beckham,

Quiero agradecerle por sus libros. Su manera de pensar nos desafía a razonar profundamente sobre cómo trabajamos en nuestras iglesias. Sí, yo aún tengo interrogantes sobre el crecimiento de la iglesia. ¿Es con las células la mejor manera de hacer crecer la iglesia?
¿Cuál es su apreciación?

Gracias por su tiempo,

Pastor Hector

Pastor Hector,

Sí, usted tiene razón. Mucho del enfoque de la literatura sobre el grupo pequeño y la iglesia celular trata sobre cómo hacer crecer su iglesia. Ponen su énfasis en enormes mega-iglesias, como si ese debiera ser el objetivo de toda iglesia. No tengo ningún problema con el crecimiento. Necesitamos iglesias que crezcan, pero el enfoque no está en hacer crecer enormes organizaciones de iglesias, edificios, y presupuestos. Eso no le funcionará a la mayoría de iglesias. Tenemos que desarrollar una manera diferente de abordar el crecimiento que quite de nuestro enfoque el tamaño. Por ejemplo, en vez de construir enormes iglesias celulares que dependan de servicios tradicionales de adoración de grupos grandes, deberíamos considerar otras alternativas que faciliten una forma diferente de crecimiento, pero ya no se enfoque en cuántas personas se reunieron en el mismo edificio. Permítame ofrecerle tal alternativa.

El actual modelo de adoración pública y de enseñanza, podrá funcionarles a algunas iglesias existentes más grandes, pero presenta problemas para plantar iglesias, y para la expansión de iglesias pequeñas, que ya existen. Un nuevo modelo de grupo grande debe ser de bajo mantenimiento, módico (sin problemas de edificio), flexible, y transferible, y que permita un alto crecimiento.

Jesús modeló una alternativa para grupos grandes en Lucas 10 cuando entrenó a los setenta. En vez de una reunión de un grupo grande enfocada en la adoración pública y en enseñar, Él optó por un modelo de equipamiento táctico. Con este grupo grande Él hizo lo siguiente: Él...

- *Puso las reglas con las que se comprometerían,*
- *Los desplegó para ocupar sus respectivos puestos,*
- *Les pidió reporte,*
- *Interpretó la experiencia de cada uno.*

Los modelos tradicionales se enfocan en los recursos (tiempo, bienes, energía) en programas de adoración y de enseñanza que requieren caros edificios, una gran fuerza de trabajo, y producir cristianos consumistas. El modelo de entrenamiento de grupos grandes de Lucas 10 enfoca sus recursos en equipar, hacer trabajo de mentor, aprendizaje conversacional, oración, solicitar reportes.

El modelo de grupo grande de Jesús en Lucas 10, puede ser configurado junto con grupos pequeños, y un grupo grande y público para que encaje en la etapa de desarrollo de una iglesia plantada o de una iglesia pequeña ya existente.

*1° **Etapa:** Grupos Pequeños, más un grupo grande periódico de los de Lucas 10, para capacitarlos, enviarlos y formarlos.*

*2° **Etapa:** Grupos pequeños, más un grupo grande regular de los de Lucas 10, para capacitarlos, enviarlos y formarlos.*

*3° **Etapa:** Grupos pequeños, un grupo grande, regular de los de Lucas 10 más un grupo grande público y periódico.*

*4° **Etapa:** Grupos pequeños, un grupo grande, regular de los de Lucas 10, y un grupo grande público y regular.*

Si queremos ver crecimiento, no debemos enfocarnos en el crecimiento de la asistencia. Debemos evitar contar a las personas y considerar esto como lo más importante en un servicio público de adoración. Equipar a las personas para el ministerio conducirá a un verdadero crecimiento al reusarnos a amarrar a nuestros mejores líderes para que hagan muchas cosas a fin de realizar eventos de adoración de alto mantenimiento. Invierte tu tiempo explorando otras alternativas y encontrando maneras para invertir en tu gente, para que así estas puedan ministrar.

Bill Beckham,
autor de muchos libros, incluyendo The Second Reformation
(La Segunda Reforma.)

Mito:

El Crecimiento de la Iglesia es la Motivación Impulsora para Convertirse en Iglesia Celular

En los primeros años de mi investigación sobre la iglesia celular, me enamoré del concepto de iglesia celular debido a su potencial para que la iglesia crezca. Noté que las iglesias más grandes del mundo eran iglesias celulares, y visité muchas de ellas para descubrir patrones y principios. El rápido crecimiento de estas iglesias celulares y mi propia filosofía de crecimiento de iglesia fueron como un cerillo para la gasolina. El Crecimiento de la iglesia incendio mi alma con una profunda pasión por el ministerio celular.

Como misionero en Ecuador, formé parte del equipo pastoral en una de las iglesias misioneras clave, y mi nuevo rol fue el de director de grupos pequeños. Eventualmente comenzamos a implementar el ministerio celular y vimos explotar a la iglesia. La iglesia madre plantó una iglesia hija (filial), y participé con el equipo de plantación de iglesias. Nosotros vimos en la nueva iglesia el mismo increíble crecimiento.

En esa época, yo criticaba a ciertos líderes del mundo de las iglesias celulares por enfocarse demasiado en los valores y en la teología. Yo creía que estaban imprimiendo lentitud en el proceso de la iglesia celular al enfatizar más sobre fundamentos bíblicos que sobre el crecimiento de la misma. Mi misión era colocar a la iglesia celular de lleno dentro del campo del crecimiento de la iglesia.

En ese momento, yo me enorgullecía en el pragmatismo. Había estudiado a las iglesias celulares más grandes del mundo y ahora podía decirles a todos cómo hacer crecer rápidamente una iglesia celular.

Sin embargo, me encontré con un gran problema. Me di cuenta que ciertos países podían contar con el crecimiento de la iglesia porque el Espíritu de Dios ya se estaba moviendo. El ministerio de iglesia celular realzaba y alimentaba las llamas del crecimiento que ya estaba ocurriendo. El crecimiento, en otras palabras, venía del Espíritu de Dios, más que de la estrategia de la iglesia celular.

Por ejemplo, yo estuve en Bogotá, Colombia, con Ralph Neighbour en 1997. Estábamos allí para examinar una gran iglesia celular que estaba rompiendo los records de crecimiento. Mientras era impresionado con su crecimiento, además me di cuenta que muchas otras iglesias no-celulares también estaban creciendo rápidamente. Cierto pastor de Inglaterra notó lo mismo. Él estaba de visita por Colombia en la misma época, y pasó por una iglesia no-celular que se encontraba cerca que estaba explotando con crecimiento. Él nos testificó acerca del asombroso crecimiento general que se estaba dando en Colombia.

Yo descubrí la misma verdad mientras estaba en Ecuador. Nuestra iglesia celular explotó en crecimiento, pero también otras iglesias no-celulares crecían rápidamente.

En 1999 mientras vivía en Ecuador, conduje un seminario de cinco semanas en cinco diferentes ciudades de los Estados Unidos. Diferentes iglesias celulares patrocinaron cada seminario y yo estaba estupefacto por la falta de crecimiento en estas iglesias. Estaba acostumbrado al rápido crecimiento que se llevaba a cabo por toda Latinoamérica, así que pensé que estos pastores de iglesias celulares norteamericanas estaban haciendo algo mal.

Durante mi viaje por estas cinco ciudades, le mostré a mi auditorio foto tras foto de iglesias celulares en crecimiento, esperando despertar en ellos una mayor visión. En vez de eso me miraron con "desconcierto". Ellos simplemente no sabían qué hacer con estas afirmaciones sobre el crecimiento de la iglesia en todo el mundo. Esto simplemente no estaba sucediendo aquí en Norteamérica.

En el 2001 regresé a Norteamérica para supervisar a pastores de iglesias celulares, y a plantar una iglesia. Las personas no eran tan receptivas y estaban ocupadas con el trabajo, cosas materiales, y con la vida en general. La mayoría de personas no estaban ansiosas por unirse a un grupo celular, involucrarse en la ruta de capacitación, o ser voluntario para el liderazgo celular. Descubrí rápidamente, que podía "hacer crecer una iglesia" con mayor rapidez al solicitar menos compromiso.

Cuanto más recorro en mi peregrinaje por la iglesia celular, más veo que la estrategia de la iglesia celular no produce crecimiento acelerado. Dios se reserva el crecimiento para sí mismo. Él quiere recibir la gloria por todo el crecimiento de la iglesia. Por su gracia, Él no le permite al hombre gloriarse en sí mismo. Dios quiere llevarse toda la gloria.

Entonces ¿Por qué debe ser seducido un pastor a implementar la estrategia de la iglesia celular?

Verdad:

La Teología es el Verdadero Fundamento Sobre el Cual se Debe Fundar una Iglesia Celular

Ralph Neighbour repeatedly says, "Theology must breed Ralph Neighbour lo dice repetidamente, "La teología debe engendrar la metodología". Esta frase fue uno de los temas centrales de Neighbour en su libro de 1990, ¿Hacia dónde vamos ahora? Al escribir en el 2011, veintiún años después de que Neighbour escribiera este libro, he llegado a la misma conclusión. La buena noticia es que la estrategia de la Iglesia celular tiene sus raíces en una fuerte teología bíblica.

La verdad bíblica es el único fundamento firme para cualquier cosa que hagamos. Sin la verdad bíblica, no tenemos un apoyo firme sobre el cual pueda reposar nuestro ministerio y filosofía. Podemos arar a través de cualquier cosa cuando sabemos que Dios nos está moviendo a comportarnos bíblicamente.

La iglesia celular no es lo último, o la más grande estrategia de crecimiento de la iglesia. Si lo fuera, simplemente sería una moda pasajera hasta que viniera la siguiente estrategia más atractiva y pertinente. En muchos lugares alrededor del mundo (como en el Occidente) la iglesia celular transforma a la iglesia a través de un proceso de purificación. El crecimiento de la iglesia es lento pero la iglesia celular le ayuda a la iglesia de Cristo a profundizar más.

¿Cuáles son algunas verdades bíblicas claves que la iglesia celular resalta?

Haciendo Discípulos

El último mandato de Cristo a sus discípulos fue hacer discípulos a todas las naciones. Creo que la esencia del ministerio celular es hacer discípulos que hagan discípulos. Las células son semilleros de líderes y el mejor lugar para preparar hacedores de discípulos. La multiplicación se encuentra al centro del ministerio celular porque las nuevas células proveen el ambiente para hacer nuevos discípulos. La meta de la iglesia celular es levantar un ejército de líderes que continúen el trabajo de la iglesia de Cristo.

Evangelismo

Dios tomó la forma de hombre, para poder revelar su amor y carácter. Jesús dijo que Él había venido a buscar y a salvar lo que se había perdido. Su ministerio en la tierra fue sanar al quebrantado de corazón y libertar a los cautivos. Siguiendo el ejemplo de Cristo, el evangelismo celular es primordialmente relacional. Las células penetran la sociedad, llevan buenas nuevas de salvación al que sufre y al necesitado, y continúan el proceso a través de la multiplicación.

El Sacerdocio de todos los creyentes

Algunas iglesias crecen hasta llegar a ser muy grandes, llenando bancas. Pero la escritura nos enseña que todos los creyentes son sacerdotes. Las células valoran la participación de cada creyente. Parte del sacerdocio de todos los creyentes es el uso de dones espirituales. He escrito muchos libros sobre el tema y creo que las células proveen la mejor atmósfera para el uso de los dones espirituales. De hecho todos los pasajes del Nuevo Testamento sobre los dones, fueron escritos para iglesias que estaban en casas.

Comunidad

Nuestro Dios es un Dios social. Él está en constante unidad con los otros miembros de la Trinidad: Padre, Hijo, y Espíritu Santo. Él no es individualista. Jesús demostró unidad mientras estuvo en la tierra, nunca hizo algo que no fuera perfectamente agradable al Padre y al Espíritu (San Juan 5: 19-30). Luego les dijo a sus discípulos que caminaran en la misma unidad. Él dijo que el mejor testimonio para un mundo que no cree es el amor y la unidad que existió entre los discípulos (San Juan 17: 6-26).

Él quiere que nos involucremos en la comunidad, lo cual fluye de su propia naturaleza. El ministerio celular promueve la riqueza del ministerio de "los unos a los otros", encontrado a lo largo de toda la Biblia.

Al ministrar en Norteamérica durante los últimos diez años, mi manera de pensar se ha desviado radicalmente de la pregunta, ¿Cómo puede funcionar la iglesia celular en Norteamérica? A la pregunta ¿Cómo podemos obedecer la escritura que nos llama a vivir en comunidad y hacer vida junta? Existe una enorme diferencia entre ambas convicciones. La una se basa en el pragmatismo y la otra en la escritura.

Sistema Operativo Teológico

Algunos de los que leen este libro tal vez podrán recordar el viejo sistema operativo de Windows DOS allá por 1991. Microsoft inició con DOS, un sistema operativo basado en códigos, y luego trataron de casarlo con Windows, un sistema basado en imágenes. Por un corto tiempo, un usuario tenía que comprar una versión de Windows que corriera sobre el sistema DOS.

Mi matrimonio de la iglesia celular con el crecimiento de la iglesia fue como colocar Windows sobre DOS. Simplemente coloqué la iglesia celular sobre el crecimiento de la iglesia.

DOS fue mi paradigma del crecimiento de la iglesia, el código de mi vieja manera de pensar. Cuando descubrí la iglesia celular, coloqué el pensamiento de la iglesia celular sobre mi paradigma del crecimiento de la iglesia. La iglesia celular fue como Windows 3.1, el primer intento de Microsoft con el sistema operativo Windows.

Sin embargo, descubrí, que la teoría del crecimiento de la iglesia se encontraba tristemente deficiente. Era un gran sistema operativo en países que estaban receptivos y enfocados en el crecimiento. Pero era tristemente deficiente en culturas no receptivas que necesitaban un avivamiento.

La teología es el mejor sistema operativo para toda la vida, incluyendo el ministerio de la iglesia celular. Tratar de colocar a la iglesia celular sobre otra estrategia, como la del crecimiento de la iglesia, es torpe y simplemente no funciona bien. Ahora he cambiado mi estructura de paradigma de iglesia celular. Ya no la colocó más sobre mi filosofía de crecimiento de la iglesia, como Windows sobre DOS. Ahora yo creo y enseño que la teología bíblica provee el mejor marco y motivación para realizar el ministerio celular. Ahora me doy cuenta que el crecimiento o la falta de crecimiento no debe ser la razón para optar o no por la iglesia celular. La verdad bíblica es la única razón firme para trabajar con la filosofía de la iglesia celular.

La iglesia celular desafía las suposiciones acerca de la iglesia. Mueve a los cristianos a pensar más profundamente acerca de la vida cristiana. ¿Es el cristianismo un simple evento al cual asistir? o ¿Es acaso un estilo de vida a vivir? En muchos terrenos endurecidos alrededor del mundo, la iglesia celular es un desafío para vivir verdaderamente las afirmaciones del cristianismo. Desafía los compromisos con el tiempo y con lo que tiene verdadera importancia en la vida.

La única razón por la que una persona en una cultura materialista haría un compromiso para asistir a una célula, incursionar en la ruta de la capacitación, y aún convertirse en un líder o supervisor multiplicador (todos estos son ministerios voluntarios) es porque Jesucristo ha tocado su vida.

La iglesia celular, por lo tanto, en muchos países alrededor del mundo, es un desafío contra-cultural para convertirse en el pueblo de Dios y en la Iglesia de Jesucristo.

Mito:

Mi Iglesia Crecerá Si Decido Convertirme en Iglesia Celular

Muchas personas se unen al movimiento de la iglesia celular porque han escuchado de la Iglesia del Evangelio Completo de

Yoido, de iglesia Elim, o de alguna de las otras iglesias en crecimiento alrededor del mundo.

Se apresuran hacia la estrategia de la iglesia celular debido a una promesa expresa-o-no expresa- sobre el crecimiento de la iglesia. El supuesto que yace en el fondo de todo esto es que si me convierto en una iglesia celular, mi iglesia crecerá.

Debo confesar que yo di esta impresión en mis primeros años de ministerio celular. Si un pastor o una iglesia trabajaban bien su iglesia celular, su iglesia crecería. Desde entonces me doy cuenta perfectamente bien de cuan fácil es caer en esta metodología basada en técnicas.

Verdad:

Sólo Jesús Puede Dar Verdadero Crecimiento Orgánico

Nunca olvidaré el mes de febrero de 2008, mientras caminaba por la playa de Myrtle Beach, en Carolina del Sur. Al caminar sobre la arena, reflexionaba sobre mi experiencia del crecimiento de la iglesia celular en Ecuador y en Norteamérica.

Llegué a darme cuenta que la estructura llamada iglesia celular no tenía poder alguno en sí misma para hacer que una iglesia creciera. En ese momento mientras caminaba sobre la arena, me imagine a la iglesia celular como si fuera una gigantesca cometa. La cometa sólo yacía allí sobre la arena, y no se podía mover sin que el viento la levantara. Las personas podían pasar cerca de la cometa y admirarla, pero esta no podía volar sin el poder del viento.

Me di cuenta que muchas iglesias celulares son como esa bella cometa, están bien lustradas y bellamente construidas. El sistema ha sido cuidadosamente establecido. Sin embargo la iglesia no alzará el vuelo por sí misma. Solamente estará allí. Un pastor no puede obligar a la cometa a alzar el vuelo. A menos que el viento del Espíritu sople en la estructura causando que esta alce el vuelo, nada sucederá. El crecimiento de la iglesia no ocurrirá separado del Espíritu Santo. De hecho no debe ocurrir. El único crecimiento que glorifica a Dios es del tipo que Él inicia.

Jesús dijo, "...sobre esta roca edificaré mi iglesia, y las puertas del infierno no prevalecerán sobre ella." Jesucristo es la cabeza de la iglesia. Toda autoridad le ha sido dada a Él (San Mateo 28:18) El edificará su iglesia, y Él es el único que puede sostener ese crecimiento.

El pastor general no puede hacer crecer a la iglesia. Las células no pueden hacer crecer a la iglesia. Los programas no pueden hacer crecer a la iglesia. Porque es la iglesia de Cristo, Él debe hacerla crecer. El único tipo de crecimiento digno de la iglesia de Cristo es el crecimiento sobrenatural inspirado por Dios.

Nosotros podemos sembrar y podemos regar, pero al final Dios debe dar el crecimiento (1 de Corintios 3:6-9). No podemos desear ser parte de una iglesia que creció por las habilidades o por la personalidad del pastor general. ¿Te podrías imaginar la presión sobre ese pastor por mantener la iglesia en crecimiento? (Muchos de los más grandes escándalos pastorales fueron causados por esta presión humana de hacer un buen desempeño). Tan pronto como el crecimiento de la iglesia se convierta en una estrategia hecha por el hombre, de "yo lo hice", debemos huir.

Algunos pastores están tan desesperados por tener crecimiento, que parece que estarían dispuestos a todo por que ocurra. Escuché sobre una iglesia en Texas que regaló quince carros nuevos durante un servicio de Pascuas. ¡La asistencia fue alta en todo tiempo durante ese día! Supongo al incremento de la asistencia de ese día se le podría llamar crecimiento de la iglesia, pero probablemente lo mejor sería quitar la palabra "iglesia" de esa ecuación. Llámale sorteo, evento, o rifa de carro. Simplemente reunir a personas en un grupo o dentro de una multitud es cualquier cosa, menos la iglesia del Nuevo Testamento. Aún Jesús mientras estuvo en la tierra atrajo multitudes con sus milagros, pero entonces Él les pedía que pagaran el precio y la mayoría se alejaba.

El punto es que no importa cuan desesperados estén, Jesús no será manipulado para dar el crecimiento a una iglesia. La buena noticia es que Jesús está en control de la iglesia, y Él quiere que lleguemos al punto de buscarle a Él si queremos el crecimiento, para que señalemos Su milagro de crecimiento, y no a un hábil conjunto de programas que se implementaron para que ocurriera humanamente.

Mito:

No Soy Exitoso Si mi Iglesia no Crece

Una espantosa enfermedad se ha permeado dentro del ministerio celular. Se llama "envidia a Yonggi Cho" o "envía a la iglesia grande". Cho es la personificación de lo que me refiero pues su iglesia es tan grande. Pastores e iglesias experimentan haciendo muchas maniobras para tener una iglesia más grande que la de su vecino. El resultado de esta actitud es que muchos pastores se sienten fracasados cuando sus iglesias no crecen.

Verdad:

El Éxito Debe ser Medido por el Esfuerzo Fiel, y No por los Resultados

Generalmente el crecimiento de la iglesia enseña que Dios recompensa a los trabajadores que cosechan, más que a aquellos que fielmente siembran la semilla. A esto se le llama "Teología de la cosecha". Una vez más, se le resta importancia a la enseñanza cristiana de que Dios recompensa la fidelidad, y eleva a los pastores e iglesias que están experimentando un crecimiento. Debido a que estaba comprometido con este pensamiento del crecimiento de la iglesia, me encontré presionándome a mí mismo y a otros para producir.

Un año después de plantar la iglesia en California, contraté a un pastor asociado del Sur de África, un precioso hermano comprometido completamente con el ministerio celular. En esa época, yo estaba viajando alrededor del mundo y esperaba que este pastor hiciera que las cosas prosperaran y que la iglesia creciera. Yo estaba siguiendo la enseñanza del crecimiento de la iglesia que sitúa la responsabilidad del crecimiento en el pastor. Mi pensamiento era que si la iglesia crecía, era por la efectividad del pastor. Si no, era porque el pastor tenía problemas.

El pastor asociado del Sur de África se fue eventualmente, y esta vez contratamos a un pastor general que me reemplazara. Empecé a dudar del nuevo pastor cuando la iglesia no creció lo esperado. Me preguntaba si este nuevo pastor era el correcto.

Finalmente un miembro de la junta me confrontó y me dijo, "Joel, ¿Qué estás haciendo? Tú nunca estás satisfecho. Yo no estoy listo para otro cambio, porque creo que nuestro nuevo pastor es el hombre de Dios para esta iglesia".

Dios me habló, me di cuenta que mi presión era humana. En ese tiempo leí el libro: Evaluating the Church Growth Movement, 5 Views (Evaluando el Movimiento del Crecimiento de la Iglesia, 5 Puntos de Vista). Una forma de verlo era a través del punto de vista del crecimiento tradicional de la iglesia. Los otros tres puntos de vista eran pensamientos modificados del punto de vista del crecimiento tradicional de la iglesia, establecidos originalmente por Donald McGavran. El quinto punto de vista, promovido por Gailyn Van Rheenan, criticó el crecimiento de la iglesia sobre la base de la teología. Me encontré incondicionalmente en acuerdo con el Dr. Van Rheenan. Dios me habló que necesitaba juzgar el crecimiento de la iglesia basado en lo que la Biblia dice y no al revés.

Alrededor del mismo tiempo, me di cuenta que si estaba haciendo todo lo posible por extender mi alcance y ministrar, estaba teniendo éxito en el proceso mientras lo hacía.

Sí, tenemos que plantar; tenemos que regar; tenemos que hacer nuestra parte. Pero, al final, Dios debe dar el crecimiento. Cuando Él ciertamente da el crecimiento, podemos regocijarnos en su bendición y bondad sobrenatural. Si Él no da el crecimiento, nosotros debemos continuar siendo fieles, sabiendo que Dios honra nuestro esfuerzo diligente y nuestro servicio.

Somos exitosos en el proceso de ser fieles. Dios nos pide que hagamos nuestro mejor esfuerzo posible bajo su dirección. Al ser guiados por Él, tenemos éxito en el proceso de plantar, discipular, y regar. Y esperamos en Él por el crecimiento, pero somos exitosos ya sea que veamos o no el fruto.

Ministré en una iglesia de Medio-Oeste. La iglesia fue por muchos años un modelo de crecimiento de iglesia celular, pero luego se estancó. El pastor fundador sentía que debía estar viendo crecimiento cada año, y comenzó a sentirse como un total fracaso cuando el crecimiento se detuvo. Yo estaba impresionado con la vida y la emoción que se vivía en la iglesia, pero el pastor estaba desanimado. Me dijo "estoy hastiado".

Simplemente he perdido el interés. Tal vez debería estar haciendo otra cosa".

Prediqué en su iglesia el día domingo y me animó ver el trabajo que Dios estaba haciendo en la iglesia. Pero una vez más el pastor comenzó a culparse porque que la iglesia no crecía cada año. Me dijo que sentía que era un fracaso y que quizá lo mejor era que dejara la iglesia. Lo escuché cuidadosamente pero finalmente empecé a decirle, "¿Quién da el crecimiento? Tú haces bien muchas cosas, pero tienes problemas confiando en que Dios traiga el crecimiento a tu iglesia. Tú tienes que seguir esperando hasta que suceda". Su esposa quien sabía que había tocado una fibra sensible, le animó a escuchar cuidadosamente.

Muchos pastores no se mantienen en la montura lo suficiente. No confían en la mano soberana de Dios para traer el crecimiento y para dar al final la victoria. Se retiran demasiado temprano.

¿Será que en algún momento Dios les puede pedir a los pastores y a los líderes que avancen hacia algo diferente? Sí, sin embargo avanzar cuando te sientes un fracaso no es el mejor momento para hacerlo. Mi consejo es que te mantengas allí esperando. Dios quiere alcanzar a las almas perdidas y hacer discípulos más que nosotros mismos. Sin embargo, la conducción de una iglesia a menudo es más sobre lo que Dios quiere hacer en la vida de un pastor. El crecimiento aparece cuando el pastor ha madurado. Nuestra labor es plantar, regar, y ponerle el mayor empeño posible.

Hace algunos años en Guatemala, estuve junto con Mario Vega disertando en un seminario. Mario es el pastor general de Iglesia Elim, en El Salvador, una de las iglesias celulares más grandes del mundo (más de cien mil personas en las células). Tres plantadores de iglesias se me acercaron después del seminario para preguntarme si estaban en el camino correcto pues sus iglesias estaban luchando y no estaban viendo el increíble fruto que Elim estaba experimentando. Estos pastores estaban trabajando fielmente y plantando la preciosa semilla, pero se habían desanimado por la falta de resultados.

Me llevé a estos tres plantadores de iglesia hacía un lado y les animé fuertemente. Les dije que estaban haciendo un trabajo sorprendente y que Dios daría el crecimiento en su tiempo. Les recordé Gálatas 6:9, "No nos cansemos, pues, de hacer bien; porque a su tiempo segaremos, si no desmayamos". Oré por que la unción de Dios estuviera sobre ellos y cuando levanté mi rostro y los vi, noté que algunos estaban llorando. Ellos solamente necesitaban escuchar que estaban en el camino correcto.

Si tú estás haciendo fielmente lo que Dios te ha llamado a hacer, tú también estás en el camino correcto. Espera. Dios dará el crecimiento a su iglesia en su tiempo.

Verdad:

El Contexto Cultural Debe Dictar la Estrategia Ministerial

La teoría del crecimiento de la iglesia promueve que los pastores y líderes primero deben comprender la cultura y luego crear las estrategias que ayudarán a la iglesia a crecer en esa cultura en particular.

De acuerdo con este punto de vista, la clave para el crecimiento de la iglesia se encuentra en la comprensión de la cultura y posterior creación de estrategias basadas en esa cultura.

La sensibilidad cultural, por su puesto que es algo bueno y correcto. Pablo también promovió la relevancia cultural cuando dijo,

Me he hecho a los judíos como judío, para ganar a los judíos; a los que están sujetos a la ley (aunque yo no esté sujeto a la ley) como sujeto a la ley, para ganar a los que están sujetos a la ley; a los que están sin ley, como si yo estuviera sin ley (no estando yo sin ley de Dios, sino bajo la ley de Cristo), para ganar a los que están sin ley. Me he hecho débil a los débiles, para ganar a los débiles; a todos me he hecho de todo, para que de todos modos salve a algunos. Y esto hago por causa del evangelio, para hacerme copartícipe de él.

(1 Corintios 9:20-23).

¿Es posible darle demasiada relevancia a la cultura? ¿Deberían ser los métodos que funcionan para hacer crecer a la iglesia, los factores determinantes para establecer qué estrategia un pastor o iglesia deba adoptar? Porque funcionan, las personas asumen que son bendecidos por Dios. Esto no siempre es así.

Verdad:

La Biblia Critica Lo Bueno y lo Malo de Cada Cultura

Rendirles cuenta a otros creyentes, vivir la vida cristiana, y luego invitar a los no cristianos a que se nos unan es simplemente bíblico. Cuando ganamos a las personas para Cristo, debemos ganarlos para que vivan el estilo de vida bíblico de "unos-a-otros". La pregunta no es si este ministerio "funcionará" en el contexto occidental. Por el contrario la pregunta debería ser, "¿Es el correcto?"

La iglesia celular corta con el individualismo. Desafía a la iglesia a vivir un estilo de vida de comunidad del Nuevo

Testamento. Grita fuertemente que la asistencia del domingo es sólo la mitad de la ecuación. El cambio del estilo de vida tiene lugar en una estructura de rendición de cuentas dónde las personas están creciendo en relaciones mutuas con los demás.

Para mí fue muy difícil escribir el libro *Relational Disciple* (El discípulo relacional). Tenía prejuicios contra lo que yo consideraba un énfasis excesivo en la comunidad por parte del movimiento de grupos pequeños en la iglesia occidental en general, y más específicamente en Norteamérica. Había dedicado mucho de mis primeros escritos a la evangelización celular y a la multiplicación, y me había convencido que el "énfasis" que ponían muchos ministerios de grupos pequeños en "la comunidad", era una excusa para no alcanzar a otros.

Sin embargo, en mi lucha al escribir el libro, me di cuenta que no tenía la opción de aceptar o rechazar la comunidad. La Escritura simplemente no me daba esa opción, está llena de referencias sobre la comunidad. Jesús repetidamente les dijo a sus discípulos que se amaran unos a otros y que el mundo incrédulo vendría a conocerle por la unidad que vería en ellos (San Juan 13).

"Los unos a otros" están tejidos a través de toda la Escritura y hay más de cincuenta referencias bíblicas que enseñan a los creyentes a servir, esperar, cuidar, dar, y en general, practicar la comunidad. Tuve que someterme a la clara enseñanza de la Biblia, aunque fuera en contra de mis nociones preconcebidas.

Dios comenzó a mostrarme que todas las culturas tienen puntos buenos y malos. Algunos rasgos culturales están en acuerdo con las Escrituras, mientras que otros aspectos deben ser corregidos por la Escritura.

Por ejemplo, en algunas culturas, el soborno es algo común. Algunos podrían decir, "para superarnos en nuestra sociedad, tenemos que sobornar." Un pastor en Rusia me dijo que los policías establecen puntos de registro y que les quitan las licencias a las personas si no les pagan el soborno. Sentí mucha pena por este pastor y no tengo ni idea cuan espantoso sería vivir en una cultura como esta.

No obstante, a pesar de las normas culturales, la Escritura enseña que el soborno es malo. Muchos versículos hablan en contra de él.7 Así que podemos decir con confianza que este aspecto de la cultura necesita cambiar para ser conforme a la Escritura, y no al revés. No importa si todo el mundo lo está haciendo. Simplemente está mal.

Me considero parte de la cultura Norteamericana, aunque algunas personas consideran a los Californianos como de otro planeta. Algunos rasgos de la cultura Norteamericana, tales como la diligencia y la adhesión al imperio de la ley son claramente escriturales y respaldados por muchos versículos en la Biblia. Otros rasgos Norteamericanos, tales como el individualismo necesitan ser criticados por la clara enseñanza de la Escritura.

La mayoría en Norteamérica no piensan dos veces sus tendencias individualistas. Pero, ¿Son estas escriturales? La Escritura es clara cuando habla de la comunidad, el "unos a otros" de la Escritura, caminar en unidad, hospitalidad, y muchas otras normas del Nuevo Testamento. Joseph H. Hellerman, catedrático del Seminario Talbot, escribió un libro llamado *When the Church Was a Family* (Cuando la Iglesia era una Familia). Su conclusión es que la cultura del Nuevo Testamento estaba orientada al grupo, y que Dios nos ordena a vivir como una familia.

La norma bíblica no es el individualismo sino el ministerio mutuo, y un estilo de vida orientado al grupo. Es doloroso para los individualistas convertirse en personas orientadas arelacionarse. Todos queremos hacer lo propio. No obstante, la Escritura, no la cultura es la que debe determinar quiénes somos y lo que hacemos.

Cuatro

EL LIDERAZGO MITOS Y VERDADES

Estimado Dr. Les Brickman,

He seguido su ministerio desde algunos años ya. Veo como Dios está usando a la iglesia en países del tercer mundo, estoy agradecido por usted y su esposa, Twila, por estar dedicados a servir a estas iglesias. También he notado que ha trabajado mucho por comprender cómo funciona el desarrollo del liderazgo dentro de una iglesia celular. ¿Sobre este punto tiene alguna idea que nos pudiera compartir?

Gracias,
Pastor Jorge

Estimado Pastor Jorge,

Cuando trabajo con pastores, a menudo los escucho decir algo como esto: "yo estoy verdaderamente comprometido con las células. Creo que son bíblicas. Son el latido de nuestra iglesia. Sin embargo, tú tienes que comprender que no soy muy dado a relacionarme, no soy relacional. Ciertamente no puedes esperar que cambie mi forma de ser, mi forma de vivir mi vida, ni cómo dirijo la iglesia. He dedicado tanto tiempo y esfuerzo en que el servicio del domingo crezca, que ahora es difícil enfocar mis energías en el ministerio celular. Soy un visionario, pero no una persona muy detallista. Por esa razón he dejado los detalles de la implementación a otras personas. Además, tienes que estar de acuerdo con que tengo que balancear la supervisión de nuestras células con todos nuestros demás programas actuales".

El liderazgo de la iglesia celular comprende que la transformación ocurre de manera experiencial. Considera tú el costo de dirigir una iglesia celular. No lo que les costará a tus líderes, ¡Sino lo que te costará a ti! ¿A mí? Sí, ¡A ti! ¿Dices que hay que estar a la vanguardia? ¿Dices que hay que estar listo para seguir la visión? Tristemente, puedes poseer una gran visión y dirigir una iglesia de tamaño regular sin tener que hacer un cambio radical en tus valores fundamentales y en tu estilo de vida. La dirección de una iglesia celular demanda la transformación de valores y la alteración de estilos de vida. Las relaciones se convierten en un valor central, así como la autenticidad y la responsabilidad. Ya no podrás agendar tus actividades individuales muy bien dentro de convenientes intervalos de tiempo en tu calendario de Google. Las demandas de tiempo son muy grandes y las ranuras para agendar lo que sea son muy pocas. El desafío se convierte en aprender cómo integrar todas las demandas de tiempo de un nuevo estilo de vida celular, mientras se mantiene el balance. Si un liderazgo celular, no puede modelar un nuevo estilo de vida transformacional, olvidémonos de dirigir una iglesia celular donde digamos, "Síganme como yo sigo a Cristo".

El liderazgo de la iglesia celular entiende que aprendemos de las experiencias de la vida al hacer pausas y reflexionar sobre ambos, nuestros "éxitos" y "fracasos". Se espera que los líderes de las iglesias convencionales no "fallen". Después de todo, por eso es que son líderes. El éxito es pregonado; el fracaso es olvidado. Como líderes de iglesias celulares, el fracaso en el Reino es redefinido al aprender de nuestras experiencias, al hacer los cambios necesarios, y avanzar hacia adelante. No somos líderes porque cometemos menos errores, sino porque aprendemos y crecemos a través de los errores que cometemos. Este pensamiento penetra aún las células, por lo que estas se convierten en ambientes seguros en los cuales podemos tropezar y aprender a caminar en los dones del Espíritu.

El liderazgo de la iglesia celular no trata sobre responderles las preguntas a todos, sino sobre creer en tu gente al punto de extraer de ellos lo que Dios ha puesto dentro, empoderándolos para cumplir con su destino y lugar dentro del cuerpo de Cristo.

La transformación experiencial. Aprender de la vida. Creer en tu gente. Tres señales que distinguen el liderazgo de la iglesia celular. Espero que esto te ayude en tu recorrido.

Les Brickman,
D.Min., autor de varios libros sobre la iglesia celular. Actualmente es misionero en Kenia.

Mito:

Dirigir a las Personas hacia el Sistema de Iglesia Celular Es Similar que Dirigirlas hacia Otros programas de la Iglesia

La mayoría de pastores tienen experiencia iniciando nuevos programas tales como AWANA, Explosión Evangelista, Vacación de Escuela Bíblica, o algún nuevo programa de su denominación.

Los programas normalmente tienen un ciclo de vida determinado el cual puede ser descontinuado después de un semestre, un año, o cuando la iglesia decida cambiar de programa. Muchos pastores enfocan el inicio de su ministerio de iglesia celular de una manera programática. Quieren sacarlo de una caja, armarlo, y luego delegar a otros que lo hagan funcionar.

Visualizan la estrategia de iglesia celular como una técnica o programa que puede ser utilizado por algún tiempo para luego ser descontinuado.

Verdad:

Dirigir una Iglesia Celular Requiere un Tipo de Liderazgo Diferente

La iglesia celular no es otro programa. Por el contrario, se enfoca en las personas. Antes de iniciar el recorrido dentro de la vida celular, los pastores deben considerar los nuevos desafíos que esta estrategia traerá sobre la forma cómo dirigen su iglesia.

Curva Escarpada de Aprendizaje

La mayoría de pastores han sido capacitados en seminarios que enseñan el modelo tradicional del pastor asalariado que realiza el trabajo del ministerio. No es fácil para los pastores y las congregaciones preparar laicos para trabajar en el ministerio y luego supervisarlos para asegurarse que cumplan con su ministerio pastoral.

Trabajo Extra Requerido para Capacitar y Supervisar Líderes

La iglesia celular solicita de los líderes potenciales una capacitación específica. De hecho, todos los miembros son animados a tomar la capacitación. Aquellos que se convierten en líderes de células (o que forman parte del equipo de liderazgo) necesitan supervisión continua. Los pastores necesitan estar conscientes de esto y medir el costo para asegurarse que la capacitación y la supervisión siempre tome lugar.

Mala Interpretación de parte de Personas que tienen otros intereses

Cuando una iglesia avanza hacia una visión, siempre habrá personas que la ataquen. Siempre que un líder vaya en alguna dirección en particular y les pida a las personas que lo sigan, algunos se resistirán, prefiriendo ir en otra dirección o manteniendo las cosas como están.

Encontrando Líderes que Estarán en el Mismo Sentir

Una cosa es que el Líder principal esté abordo, pero también es crucial que cada miembro del equipo de liderazgo apoye la visión. Cuando esto sucede, un equipo puede avanzar junto. La iglesia celular en realidad es todo sobre el desarrollo del liderazgo, y el equipo de liderazgo es el timón de la iglesia celular. Si el equipo de liderazgo está unido y dirigiendo la visión de la iglesia celular, existe una gran posibilidad que el resto de la iglesia los siga.

Perdiendo gente

Richard Houle capturó la visión de hacer la transición de su iglesia Bautista convencional Franco-parlante en Granby, Quebec hacia la visión de la iglesia celular. Él creyó en la teología detrás de la estrategia celular y se dio cuenta que la nueva dirección requería compromiso y cambio. En el proceso sesenta personas abandonaron la iglesia. Houle continuó insistiendo en obediencia al llamado de Dios.

Al pasar de los años, la iglesia alcanzó a nuevas personas y comenzó a dar fruto. Al final se convirtieron en un movimiento plantador de iglesias celulares, con cuatro iglesias filiales conectadas a la iglesia madre. Cuando los visité en el 2009, me emocionó ver el rol apostólico de Richard Houle sobre las cuatro iglesias filiales, y especialmente cómo el ejemplo de Houle había impactado positivamente y por completo a su denominación Bautista. Un gran número de líderes de denominaciones Bautistas vinieron a mi seminario sobre células, debido a su relación con Richard Houle y su congregación Franco-parlante.

Ramón Justamente es un pastor Bautista, sureño, radicado en Florida. Él cuantificó el costo de convertirse en una iglesia celular por medio del estudio de la literatura, y mediante las visitas a varias iglesias celulares (él y su esposa hasta visitaron nuestra iglesia en Quito, Ecuador en 1999). Él estaba totalmente convencido que debía hacer la transición con su iglesia.

Creo que Ramón no estaba listo para lo que ocurriría posteriormente: cuatrocientas personas abandonaron la iglesia. No obstante, Ramón creía que Dios lo había llamado al ministerio de la iglesia celular y no iba a retroceder.

Diez años después de la transición al sostener un seminario en su iglesia, pude observar una vibrante iglesia celular. Dios no sólo ganó más de los cuatrocientos que se fueron, sino que las personas que estaban ahora en la iglesia se hallaban emocionadas, motivadas, y sirviendo a Jesús con celo y pasión. Yo hablé sobre cómo se debe hacer la transición de una iglesia, y Ramón dio su testimonio.

Si Ramón sólo hubiera estado "probando las aguas" sólo hubiera durado unos cuantos meses. Su compromiso con la visión y los valores del ministerio de la iglesia celular le ayudaron a "aclimatarse" a las fuertes tormentas y a estar a flote cuando las cosas se tornaron duras. La iglesia de Ramón es ahora un gran modelo para aquellos que están haciendo ministerio celular en Florida.

Ambos Houle y Justamente, no podían prever todos los obstáculos, pero estaban convencidos del fundamento bíblico del ministerio celular. Nunca vieron el ministerio celular como una técnica que se podía descartar si no funcionaba. Por el contrario lo vieron como una manera bíblica de vida.

En el libro *The Challenge of the Cell Church* (El Desafío de la Iglesia Celular), Phil Potter detalla su propio recorrido en la transición de una iglesia Anglicana tradicional en Inglaterra, hacia el modelo de iglesia celular. Potter condujo a su congregación a comprender el costo imbíbito antes de apresurarse hacia el ministerio celular. Se pasaron meses en la planificación y preparación para la transición. Dado que fielmente determinó cuál sería el costo, Potter pudo iniciar células que continuaron creciendo y multiplicándose.

Phil Potter ejemplifica la necesidad de planificación cuidadosa y de cuantificar los costos antes de sumergirse dentro del ministerio celular. Jesús animó a hacer una planificación similar cuando desafió a las personas a valorar el precio por seguirle. El advirtió a las multitudes del peligro de comenzar y no terminar algo (San Lucas 14).

La iglesia celular no es un programa. Los pastores que exitosamente han plantado o han hecho la transición al modelo de iglesia celular han hecho su tarea y están listos para permanecer allí a largo plazo.

Mito:

Está Bien Simplemente Añadir el Ministerio Celular a lo que Ya Estás Haciendo

La mayoría de iglesias están trabajando en muchas cosas a la vez. A través del tiempo, la iglesia ha desarrollado una miríada de programas y ministerios. De repente el pastor escucha acerca de la iglesia celular, se emociona, y la adiciona como otro más de muchos programas.

O tal vez a la iglesia le está yendo bien, pero el pastor ha escuchado sobre el increíble crecimiento de iglesias celulares alrededor del mundo y quiere ver si la estrategia de la iglesia celular le puede ayudar a que su iglesia crezca aún más. Por lo que la iglesia incluye el tema de la iglesia celular por encima de lo que la iglesia ya está haciendo.

Cuando la estrategia de la iglesia celular falla en producir el deseado crecimiento, el pastor la borra del horario, como lo haría con cualquier otro programa que pareciera que no funcionar.

El pastor podría convertirse aún en un crítico del modelo celular, diciendo que este no funciona o que no es adecuado para la particular cultura de su iglesia. Sin embargo, al ahondar en el análisis, normalmente la razón para abandonar el ministerio de la iglesia celular es una interpretación errónea de lo que se requiere para que el ministerio celular funcione.

Verdad:

El Pastor Debe Hacer del Ministerio Celular su Prioridad Central

No podemos poner el mismo énfasis en todo. Algunos pastores se esfuerzan tanto por ayudarles a todos que terminan ayudando a nadie. La frase "Enfoque concentrado" es crucial para hacer que el ministerio celular funcione.

Las personas solamente harán bien algunas cosas. Si el pastor quiere que se involucren en el ministerio celular, no puede esperar que las personas se involucren además, en muchas otras actividades de la iglesia.

¿Son malos los programas? No. Simplemente se trata de escoger en qué te enfocarás. Todos sabemos cuan desorganizadas y ocupadas se encuentran nuestras vidas. Si el pastor espera que su gente escoja el ministerio celular, esto significa que ellos necesitarán tiempo para visitar a los vecinos, asistir a un grupo celular, preparar la lección de la célula, ir a la reunión de supervisión, y a otras actividades relacionadas.

La palabra no es una palabra bendita en la iglesia celular. Sólo el pastor principal puede pararse y decir no a todos los bien-intencionados programas que llegan a la puerta de la iglesia.

En diciembre de 2010, sostuve un seminario en la iglesia del pastor Samuel Mejía en Santa Ana, California. La iglesia tiene ciento cuarenta líderes de células y ha plantado cinco iglesias. El pastor Samuel se dio cuenta que debía enfocarse en el ministerio celular y hacerlo su prioridad.

La mayoría de iglesias en la denominación de Samuel se conducen a través de programas. Samuel sobresale entre la multitud debido a su "enfoque concentrado" en el ministerio celular. Dado que el pastor Samuel ha persistido por veinticinco años, muchas iglesias en su denominación ahora están siguiendo su ejemplo. ¿Por qué? Porque han visto que en su congregación funciona. El pastor Samuel es un gran ejemplo de lo que significa tener un enfoque concentrado.

Mito:

Los Pastores Principales Deben estar Disponibles para Todos

Al principio cuando tomé un curso sobre teología pastoral en la escuela bíblica, mi catedrático nos enseñó el modelo convencional del ministerio de la iglesia. El llamado pastor asalariado, estaba supuesto a hacer la obra del ministerio. Él estaba disponible para todos y para todo.

Algunos pastores encajan muy bien dentro de este modelo. Ellos entraron al ministerio de pastor para predicar, casar, enterrar, aconsejar, y estar disponibles para aquellos con necesidades. A ellos les encanta enseñar a grandes grupos de personas—a cualquiera que esté dispuesto a venir, sentarse, y escuchar. Estos pastores viven por el servicio de celebración. Ellos sienten que vale la pena lo que hacen, cuando les están predicando a un grupo de personas.

Cuando alguien entra a la iglesia solicitando consejería, ellos están listos para recibirla o recibirlo, aun cuando hayan otros disponibles para aconsejar a la persona.

Algunos pastores simplemente no tienen la visión de delegar, y de ser mentores de otros líderes para que hagan la obra del ministerio. En vez de eso, prefieren hacerlo todo ellos mismos.

Verdad:

Los Lideres Efectivos de Iglesias Celulares Delegan

El consejo de Jetro a Moisés fue que escogiera a líderes y que los pusiera sobre el pueblo por jefes de millares, de centenas, de cincuenta y de diez, para que él no cargara con todo el peso. Jetro resumió el problema sucintamente, "Desfallecerás del todo, tú, y también este pueblo que está contigo" (Éxodo 18:18). Moisés trató de ser un líder responsable, pero era demasiado lo que tenía que hacer él solo.

El ministerio de la iglesia celular requiere delegación. Los pastores de iglesias celulares que tienen éxito a largo plazo empoderan a los miembros para hacer la obra del ministerio. Ellos pastorean el rebaño a través de otros. Efesios 4: 11-12 dice: "Y él mismo constituyó a unos, apóstoles; a otros, profetas; a otros, evangelistas; a otros, pastores y maestros, a fin de perfeccionar a los santos para la obra del ministerio, para la edificación del cuerpo de Cristo"

Con excepción de liderazgos visionarios, los pastores celulares efectivos delegan casi todo lo demás a otros. No todos los pastores pueden hacer esto. Tal vez no saben cómo hacerlo. O tal vez no quieren hacerlo. Después de todo, existe cierto poder en ser la persona "a quien ir". Conozco personalmente a algunos pastores que les gusta tomar todas las citas de consejería que llegan a través de la iglesia. Los miembros comienzan a esperar que el pastor haga toda la obra del ministerio.

La meta del pastor cuya iglesia está basada en células es equipar a los miembros para que lleven a cabo el trabajo de la iglesia. Cuando la oveja tiene un problema, los pastores celulares efectivos preguntan si hablaron primero con su líder de célula. Ellos se rehúsan a pasar por encima de los líderes de células en el proceso del cuidado de las ovejas.

He conducido numerosos seminarios con Mario Vega, el pastor general de Elim en San Salvador, una de las iglesias más grandes alrededor del mundo. El pastor Vega ha aprendido a mantenerse enfocado. Él se concentra en cuidar de los pastores celulares principales que están a cargo de cuidar a otros. El participa dirigiendo este liderazgo principal para hacer que todos los días el trabajo celular funcione.

Los pastores celulares efectivos se aseguran que se cumpla la visión a través de la delegación del trabajo a otros. Moisés no tuvo que hacerlo todo, pero sí necesitó asegurarse que las cosas se llevaran a cabo. Sí necesitó supervisar la delegación de responsabilidad más importante. El consejo de Jetro a Moisés lo liberó de tener que estar escuchando a toda la nación, todo el día y noche. También le ayudó a las personas bajo su cuidado irse satisfechas.

Mito:

Existen Menos Problemas en la Iglesia Celular que en el Ministerio Tradicional

A lo largo de este libro he elogiado las virtudes del ministerio de la iglesia celular, sin tratar de esconder sus problemas. Muchos pastores gravitan hacia el ministerio de la iglesia celular debido a esos puntos positivos. No obstante, existe el peligro de dar la impresión que el ministerio de la iglesia celular borrará todos los problemas de la iglesia. Todos los que piensan de esta manera están por tener un duro despertar.

Verdad:

El Ministerio de la Iglesia Celular Revela Problemas A Menudo Escondidos Bajo el Trajín del Ministerio Tradicional

Tuve la oportunidad de hablar en una iglesia en Puerto Rico. Un sabio Anciano me dijo que antes de implementar el ministerio de la iglesia celular los problemas siempre estaban bajo la superficie, pero que desde que empezaron a hacer énfasis en los grupos celulares, esos problemas salieron a la superficie. Las personas se sintieron libres para hablar sobre ellos. De repente resultaron muchos más problemas. "Las buenas noticias, me dijo, es que ahora estamos tratando con esos problemas".

Cuando un pastor se enfoca en el ministerio celular, las personas tienen la oportunidad de compartir. Muy a menudo salen a la luz ataduras demoníacas y problemas psicológicos. Esos problemas siempre estuvieron allí, pero nadie los notó. Estaban bajo la superficie. Mientras las personas se sentaban en las bancas, todo parecía que estaba bien. Cuando las personas tienen la libertad y oportunidad de compartir lo que les está sucediendo en sus vidas, entonces, parece como si la iglesia entera está llena de problemas.

Una persona que asistía a mi célula estaba viviendo con otra mujer. Él asistía a las celebraciones principales de dos iglesias pero nadie sabía sobre su vida personal. Cuando él comenzó a asistir a mi célula, se hizo evidente que no estaba casado. Él tenía un deseo por seguir a Dios y se dio cuenta que necesitaba cambiar. Al pasar del tiempo, se arrepintió, se involucró en la ruta de capacitación, y dio pasos por cambiar su situación. Dejó de vivir con esta mujer, inició las consejerías pre-matrimoniales, y al final se casó con ella en la iglesia. Posteriormente ellos abrieron un grupo celular.

Lawrence Khong dice en su libro, *The Apostolic Cell Church* (La Iglesia Celular Apostólica),

> Durante años pastoree exitosamente una iglesia bautista tradicional. Era relativamente fácil organizar a la iglesia para los servicios de adoración, las clases de escuela dominical, y para muchas reuniones de camaradería de diferentes grupos de edades. La mayor parte de la actividad se centraba en dar una enseñanza dentro de un aula. El más grande desafío, la mayoría de veces era hacer una buena presentación, ya fuera de un sermón o de una lección de una clase. La situación es mucho más demandante cuando se trata de una iglesia celular.[8]

Cuando Khong dice "mucho más demandante", él se refiere a llegar a la raíz de los problemas de las personas y ayudarles a cambiar. La buena noticia es que el pastor principal no tiene que resolver todos los problemas de la iglesia. Su rol principal es equipar a los líderes para que pastoreen la iglesia, y ayudarles a otros a ser como Cristo.

Mito:

Todos los Pastores Deben Dirigir Grupos Celulares

Cuando un pastor está dirigiendo un grupo celular o parte de algún equipo de liderazgo, él tiene una autoridad adicional con su congregación. El pastor puede conectar el mensaje del domingo con las necesidades de una persona en la congregación.

Dios me mostró esta verdad por primera vez mientras estaba en Ecuador. Acababa de regresar a Ecuador después de investigar iglesias en crecimiento alrededor del mundo. Descubrí una manifiesta debilidad: todos los roles de supervisión en el mundo de la iglesia celular fueron removidos de la vida celular. Un líder fructífero abandonó la batalla celular para supervisar a aquellos en las líneas del frente.

En la Iglesia República, en Quito, Ecuador, decidimos cambiar esto. Les solicitamos a todo el personal que dirigiera una célula(o que la co-dirigieran) mientras supervisaban una red de grupos celulares. Teníamos mucha más autoridad, y el respeto de los otros miembros de la iglesia celular porque nos quedamos en las líneas del frente. Y debido a que funcionó tan bien, en todos mis escritos y seminarios comencé a animar a pastores a que dirigieran grupos celulares. No obstante ¿Deberían dirigir grupos celulares todos los pastores?

Verdad:

No Todos los Pastores Dirigirán un Grupo Celular. Evite el Legalismo de la Iglesia Celular

Algunos pastores no dirigen grupos celulares y aun así son grandes líderes visionarios.

La Biblia guarda silencio referente al tema sobre si un pastor deba dirigir un grupo celular. Donde la Biblia guarda silencio, nosotros también debemos guardarlo. Tal como lo mencioné anteriormente, yo solía impulsar este concepto fuertemente pero desde entonces he retrocedido. Aunque todavía la considero una gran idea, a veces es mejor que el pastor principal dirija un grupo celular por algún tiempo, y que luego pase alguna temporada supervisando a los líderes de células, o en una iglesia más grande, supervisando a los supervisores de los líderes.

En otras ocasiones, el pastor principal podría decidir que lo mejor sea simplemente asistir a un grupo celular o formar parte de un equipo de liderazgo celular.

Jamey Miller, quien plantó su iglesia mediante la dirección de una célula, se tomó un descanso del liderazgo celular. Pero luego decidió retomar el liderazgo celular para mantenerse en contacto con las personas de su vecindario.

Si bien es cierto que animo a los pastores a que dirijan un grupo celular, siempre hay otras alternativas para mantenerse en la batalla.

Mito:

Si fracasas, Prueba Otra Cosa

Conozco pastores que probaron con el ministerio de la iglesia celular, fallaron, y luego se convirtieron en críticos de la iglesia celular. Ellos dicen, "ah sí, probé con la iglesia celular, y no funcionó". O tal vez podrían decir, La iglesia celular funciona de maravilla en Latinoamérica, pero no aquí en mi ciudad". Pero lo que sucede a menudo es que estos pastores no continuaron intentándolo. Ellos no estuvieron dispuestos a hacer correcciones a mediano plazo, como buscar un supervisor, visitar otra iglesia celular, o leer literatura relevante sobre la iglesia celular.

Verdad:

Fracasar te Conducirá a Descubrir lo que Mejor Funciona en tu Contexto

Ya sea que cometas errores o que fracases por completo, los pastores que triunfan en el ministerio celular continúan perseverando y no se dan por vencidos. Ellos practican el título del libro de John Maxwell, Failing Forward (El lado positivo del fracaso) al seguir adelante aún después de un fracaso. Cometer errores es parte de la vida. Rara vez nos salen bien las cosas a la primera. Muy a menudo tampoco nos salen bien en la tercera, o cuarta vez. De hecho crecemos y maduramos a través de las pruebas y de los errores que cometemos. El fracaso es la puerta trasera del éxito y Dios bendecirá nuestros esfuerzos.

Henry Cloud y John Townsend escribieron un excelente libro llamado Boundaries (Límites) Ellos dicen que,

Él [Dios] quiere que nosotros seamos emprendedores y activos, buscando y tocando a la puerta de la vida. La gracia de Dios cubre el fracaso, pero no puede compensar la pasividad. Nosotros tenemos que hacer nuestra parte. El pecado que Dios reprende no es el de intentar y fallar, sino el de no intentar. Intentar y fallar, e intentar otra vez, a eso se le llama aprender. El no intentar no nos traerá un buen resultado.9

Tienes que fracasar más de una vez antes que te salgan bien las cosas. Proverbios 24:16 dice: "Porque siete veces cae el justo, y vuelve a levantarse; Mas los impíos caerán en el mal".

La ruta de capacitación de la iglesia celular, por ejemplo, rara vez es perfeccionada a la primera. Un pastor y un equipo de liderazgo deberá hacer numerosas auto-correcciones a fin de perfeccionar la ruta de capacitación. Lo mismo es cierto para cualquier área del ministerio celular como la supervisión, el lanzamiento de la visión, mantener las estadísticas, establecimiento de metas, evangelización, y hacer discípulos.

Cada vez que pienso en darme por vencido, soy animado por aquellos que superaron el fracaso a través de la persistencia:

- Cuando Thomas Edison inventó la bombilla eléctrica, hizo más de dos mil experimentos antes que la hiciera funcionar. Un joven reportero le preguntó qué se sentía fallar tantas veces. El respondió, "Nunca fallé ni una sola vez. Yo inventé la bombilla eléctrica. Solamente que resultó ser un proceso de dos mil pasos".
- Winston Churchill aplazó el sexto grado. No se convirtió en primer ministro de Inglaterra hasta que tuvo sesenta y dos años, y luego después de toda una vida de derrotas y adversidades, sus más grandes contribuciones llegaron cuando él ya era un "ciudadano de la tercera edad".

- Albert Einstein no habló hasta los cuatro años, y no leyó hasta los siete años. Su profesor lo describió como "mentalmente lento, antisocial, y perdido para siempre a la deriva en sus tontos sueños". Fue expulsado y rehusaron su admisión en la Escuela Politécnica de Zúrich.
- Después de años de progresiva pérdida de la audición, a los cuarenta y seis años el compositor Alemán Ludwig van Beethoven estaba completamente sordo. Sin embargo, él escribió su mejor música—incluyendo cinco sinfonías, durante sus últimos años.
- Rafer Johnson, el campeón del decatlón, nació con un pie equinovaro, o pie retorcido.
- Babe Ruth fue ponchado mil trescientos treinta veces, pero él también hizo setecientos catorce jonrones.[10]

No te preocupes por los resultados fallidos. Preocúpate por las oportunidades que pierdes cuando ni siquiera lo intentas. La mayoría de cosas buenas surgen de probar y de hacer correcciones a mediano plazo. Si esperas intentar hasta que todo sea perfecto, lo más probable es que nunca lo logres. "Pero espérate un momento," tú podrías decir. "Yo quiero que todo sea perfecto aun antes de intentarlo". Lo siento mucho, no funciona así. Nosotros aprendemos de nuestros errores.

Cinco
ENFOQUE CELULAR MITOS Y VERDADES

Estimado pastor Abe Huber,

Parece que su iglesia verdaderamente ha aprendido a hacer que los grupos celulares funcionen. He leído una gran cantidad sobre el tema y he reunido muchas opiniones, pero me gustaría escuchar cuál es su perspectiva desde el punto de vista de un pastor experimentado. Quiero pastorear de una mejor manera a mi gente y conducirlos a los grupos celulares, pero no quiero forzarlos a entrar en una estructura contra sus voluntades. ¿Tiene algún consejo para mí?

Muchas bendiciones,
Pastor Francisco

Estimado Pastor Francisco,

Puedo sentir que tienes el corazón de un pastor, y que tú verdaderamente quieres cuidar de tu gente. Al mismo tiempo estoy seguro que quieres alcanzar a más personas para Jesús. Bueno te tengo buenas noticias. Si tú de verdad discípulas a las personas que Dios te ha dado, ellas de manera natural atraerán a nuevas personas al rebaño. ¡Las ovejas saludables de manera natural dan a luz corderitos!

En mi experiencia, la clave para tener grandiosas células es tener un grandioso discipulado.

La gran pregunta es: ¿Cómo podemos garantizar que todos serán cuidados y verdaderamente discipulados? Para iniciar un proceso de discipulado en tu iglesia, tú tienes que tomar la iniciativa y ser un ejemplo.

Ante todo, tú como pastor que eres, necesitas tener un mentor/discipulador a quien le puedas rendir cuentas de tu vida espiritual. Me refiero a alguien que pueda orar contigo y aconsejarte. Esta persona debe ser alguien a quien admiras, quien además es respetado por tu congregación, y quien te da cobertura espiritual.

Siempre es más fácil que la iglesia entera quiera ser discipulada, una vez que tienes a esta persona que te discipula a ti. Luego tú debes comenzar a discipular a algunos de tus hombres clave, uno a uno. Invierte tiempo de calidad con ellos, ayudándoles con su relación con El Señor, y con su relación con su familia.

A medida que este discipulado continúe, tú podrás convertirte en un verdadero mentor para estos hombres, discipulándolos (uno a uno, y en un ambiente de grupo). En tu tiempo de discipulado, tú podrás hacerles muchas preguntas sobre sus discípulos, y les podrás ayudar a que ellos también traigan salud espiritual a sus discípulos.

También es muy importante que tus discípulos clave se conviertan en líderes y supervisores de tus células.

Tu tiempo de discipulado con ellos incluirá que les enseñes como mentor, a dirigir efectivamente, a multiplicar, y a supervisar sus células.

Los supervisores discipulan a los líderes de células, y los líderes de células discipulan a los aprendices. Los aprendices discipularán a los miembros de las células, y los miembros de las células discipularán a otros miembros.

Tú y tus discípulos deben recordar lo siguiente: Nuestra prioridad no es multiplicar las células. Más bien, la multiplicación celular es la consecuencia natural de hacer discípulos efectivamente. Nuestra prioridad es hacer "discípulos que hagan discípulos". Como líderes debemos estar reproduciendo nuevos líderes. ¡Si tus discípulos son líderes de células, y si ellos están siendo efectivos en su discipulado, ellos definitivamente estarán reproduciendo nuevos líderes de células!

Sin embargo, amorosamente, tengo que recordarte, que tú sólo puedes reproducir en otros lo que primero ha sido reproducido en ti. Solamente puedes dar a luz a nuevos líderes, si permites humildemente que alguien más hable a tu vida, y si permites que "los dolores de parto" de Cristo se den en ti. Serás un buen discipulador, solamente si primero tú te conviertes en un buen discípulo. Por eso es tan crucial que modeles el discipulado. Tus líderes clave y miembros de la iglesia también querrán ser discipulados y tener un mentor, al ver cuánto valoras a tu discipulador y cuánto recibes de él.

¡Creo que esto sólo es el comienzo de una revolución del discipulado que te transformará a ti, y a tus ministerios!

Oro porque la bendición de Dios esté sobre ti,
Pastor Abe Huber, Pastor General de la Igreja de Paz, una iglesia celular de cincuenta mil personas, con una red adicional de quinientas iglesias.

Mito:

La Iglesia Celular Trata Sólo Acerca de la Célula

La mayoría de personas jamás acusarían a la iglesia celular por no enfocarse en la célula. Después de todo, aquellos que están dentro del movimiento celular están de acuerdo con que la célula es la joya de la corona. Todos los demás sistemas celulares proceden de la célula, y esta se merece el rol central. Pero ¿Sería posible enamorarse y enfocarse demasiado en la célula? ¿Habrá otras prioridades más importantes?

Verdad:

La Meta de la Iglesia Celular es Hacer Discípulos

La escritura es clara en San Mateo 28:18-20 cuando dice que la iglesia ha sido llamada para hacer discípulos. Jesús nunca le dijo a la iglesia que fuera e iniciara células. En vez de eso, les dijo que hicieran discípulos a todas las naciones. Algunas personas creen que soy un fanático de las células. Yo los sorprendo cuando les digo que no me apasionan las células en sí. Más bien mi enfoque se encuentra puesto en hacer discípulos. El propósito de Dios es hacer discípulos que hagan otros discípulos.

Entonces, ¿Qué tiene que ver esto con la célula? Yo creo que la célula es el mejor vehículo para hacer discípulos que hagan otros discípulos (multiplicación).

Jesús mismo modeló esta verdad al mundo cuando escogió a doce hombres y vivió con ellos por tres años en una pequeña comunidad. Él discipuló a sus doce dentro de un ambiente donde les podía dar suficientes instrucciones prácticas e interactuar con ellos. La mayoría de enseñanzas de Cristo fueron sobre narraciones descriptivas de la vida real, y cuando los discípulos maduraron estos fueron capaces de dirigir la iglesia.

Los discípulos continuaron haciendo otros discípulos en ese mismo ambiente. Cuando el Espíritu de Dios descendió en el día de Pentecostés, los discípulos estaban en el aposento alto de una casa en Jerusalén. El Espíritu descendió de manera asombrosa, y los discípulos de Jesús comenzaron a reunirse de casa en casa. Los creyentes se reunían en casas donde podían amarse unos a otros, practicar la hospitalidad y continuar la obra de Jesús. Aunque el tiempo que estuvieron con su maestro los influenció para reunirse de casa en casa, también era parte de su herencia judía que venía de la época de Jetro cuando aconsejó a Moisés a dividirse en grupos de diez.

Los mismos discípulos que fueron alimentados con el ministerio de casa- en- casa, esparcieron el evangelio plantando iglesias en las casas y enlazándolas con las reuniones de celebración cuando les era posible (Hechos 2:42-46).

La célula tiene todos los elementos necesarios para levantar ministros. Las células son mini-iglesias. Los líderes de célula efectivos pastorean, evangelizan, capacitan, aconsejan, animan, escuchan, y desafían a los seguidores de Cristo. Aquellos que dirigen células, hacen lo que hacen los pastores.

Jesús no vino a ser servido sino a servir y a dar su vida en rescate por muchos (Hechos 2:42-46). Dirigir una célula trata sólo sobre dar, aun cuando las personas no devuelvan nada. Es acerca de ejercitar el amor *agape* sin esperar recibir nada a cambio.

No conozco un mejor ambiente para hacer un discípulo que haga otro discípulo que el ministerio celular. La manera más efectiva de capacitar a futuros discípulos es en el contexto de la célula, y no dentro de la atmósfera del servicio grande de celebración. Hablar, cantar, o dar un anuncio frente a una gran multitud puede ser una experiencia escalofriante. El servicio de celebración no es un lugar para practicar y cometer errores.

Los programas y ministerios dentro de la iglesia no capacitan a los discípulos efectivamente. Estos no hacen énfasis en la transformación de la vida y en cambiar los valores, no así en un ambiente de grupo pequeño en el cual existe una relación de dar y tomar. En la célula todos pueden ministrar, y de hecho todos son ministros. Juan dijo en Apocalipsis 1:5-6, "Al que nos amó, y nos lavó de nuestros pecados con su sangre, y nos hizo reyes y sacerdotes para Dios, su Padre; a él sea gloria e imperio por los siglos de los siglos. Amén".

En el grupo celular, los miembros aprenden cómo llegar donde están los no-creyente, aconsejar a un miembro que esté en pecado, escuchar las necesidades de los demás, o visitar a alguien que recientemente ha dejado de asistir. El ambiente celular le permite a la persona ministrar a otros, y en el proceso tener un crecimiento personal.

Mito:

Visualice a todos en la Iglesia como Líderes

Muchas de las iglesias celulares en crecimiento le piden a cada persona que entre en la ruta de capacitación para convertirse eventualmente en líder. Inmediatamente vi esto como un adelanto positivo a favor de la meta de asistencia y lo promoví en mi primer libro. *Home Cell Group Explosion* (La Explosión de los Grupos Celulares en los Hogares) y luego después en el libro *Leadership Explosion* (Explosión del Liderazgo). Después de todo Jesús dijo en San Mateo 9 que la mies es mucha y los obreros pocos. Levantar nuevos grupos celulares es una grandiosa manera de levantar nuevos líderes. Pero ¿Deben todos convertirse en líderes?

Verdad:

Todos Deben Ser Hacedores de Discípulos

En el año 2001 empecé a supervisar pastores en el ministerio basado en células. Un pastor en particular era un dotado maestro. Él era muy analítico y luchaba con la palabra *líder*. Él no aceptaba las respuestas fáciles que yo le daba, sino que quería asegurarse que el ministerio celular fuera bíblico y que los términos a utilizar también provinieran de la Biblia. Nosotros como equipo supervisor luchábamos por horas con la palabra *líder*.

A David le parecía que la palabra *discípulo* cuadraba mejor con la Biblia que la palabra líder. Yo había estado usando la palabra líder por tanto tiempo y hasta había titulado un libro Explosión del *Liderazgo*. Más sin embargo, también mi desilusión con la palabra había crecido, a causa de que tantos han mal interpretado el rol del líder con aquella persona que controla y domina.

Jesús transformó esta noción al decirles a sus discípulos que el más grande sería el que más sirviera (San Lucas 22:26). Se quitó su manto y les lavó los pies a sus discípulos para modelarles servidumbre. Pero muchas personas olvidan esto y piensan del liderazgo en términos de poder y autoridad. Muchos, entonces, se sienten demasiado tímidos para el rol del liderazgo y se apartan pues se sienten incompetentes.

He llegado a la conclusión que en vez de tratar de re-interpretar la palabra líder continuamente, lo mejor es utilizar un término más bíblico como discípulo o labrador de la mies, para describir el liderazgo dentro del ministerio celular.

Fui confrontado con este tema al supervisar a Jim Corley, un pastor de Tucson, Arizona. La declaración de la misión de

CrossPoint Community Church (CCC) (Iglesia Comunitaria de Cross Point) era la de preparar discípulos que hicieran discípulos, aunque en realidad ellos no tenían una manera para definir cómo debía verse un discípulo.

El pastor Jim Corley y mi persona, ambos estuvimos de acuerdo con que el discípulo es un seguidor de Cristo, pero necesitábamos saber cómo se vería en la práctica en el paradigma de la iglesia celular. Corley y sus líderes principales se sentían incómodos con la idea de que un discípulo sólo era un líder de célula, y yo entendí su incomodidad.

Dios nos dio sabiduría para descifrar cómo definir a un discípulo en el paradigma de la iglesia celular. Yo le sugerí a la iglesia definir a un discípulo de la siguiente manera:

- Discípulo D-1 (miembro de la célula y de la ruta de capacitación). El primer paso es que una persona esté en la célula y participe en la ruta de capacitación. En este proceso, la persona es bautizada y se le enseña a obedecer todas las cosas que Cristo ha ordenado (San Mateo 28:18-20). Los pasos clave en el proceso de capacitación incluyen la enseñanza doctrinal, la santidad, el bautismo, evangelismo y la preparación para ministrar a otros.
- Discípulo D-2 (participación activa en el grupo celular) El próximo paso es que el discípulo practique lo que él o ella está aprendiendo. El término Discípulo D-2 define a una persona que está en una célula dando el próximo paso hacia la ruta de capacitación, y de hecho ayudando en el grupo celular. Dicha persona está jugando un papel importante en el grupo celular.
- Discípulo D-3 (líder de célula o alguien que forma parte de un equipo de liderazgo celular). El siguiente paso es que el discípulo reúna a personas y dirija un grupo celular,

ya sea individualmente o como parte de un equipo. El discípulo ha reunido a amigos y a la familia y está siendo un facilitador dentro del grupo celular o es uno de los líderes del equipo plantador de células. Él o ella se ha graduado de la ruta de capacitación.
- Discípulo D-4 (líder multiplicador). Esto es cuando el líder ha desarrollado a otro discípulo que a su vez está dirigiendo su propio grupo celular, o a una parte del equipo de liderazgo celular (ha pasado por el proceso D-1 hasta el D-3). Yo llamaría a un líder multiplicador un discípulo D-4.

Por supuesto que la numeración D no tiene que parar con el discípulo D-4. De hecho, Jim Corley añadió el rol de plantador de iglesia, y el de pastor. El propósito central de la numeración D1-4 es definir más específicamente cómo podría ser un líder en una iglesia celular.

Por ejemplo en mi propio grupo celular de hombres. Matt llegó a la célula como un discípulo D-1. Él aceptó a Jesús cuando era niño pero hasta recientemente ha dedicado su vida a Él. Matt se convirtió en un discípulo D-2 al pasar por la ruta de capacitación, y participar activamente en la célula, inclusive dirigiendo la célula en múltiples ocasiones. Cuando Matt concluyó la capacitación, le entregué el grupo y se convirtió en un discípulo D-3. En ese momento me convertí en el supervisor de Matt. Nos encantaría que Matt continuara con el proceso y finalmente multiplicara otro discípulo que fuera un facilitador para otro nuevo grupo, y así convertirse en un discípulo D-4.

En 1ª Juan 2:12-14, Juan habla sobre la progresión de fe, como la de un niño, hacia una fe madura de un padre. El discipulado en la iglesia celular toma a pequeños niños y busca ayudarles a convertirse en discípulos maduros. Tomar la responsabilidad de un grupo celular le proporciona a un hacedor de discípulos un maravilloso espacio para ministrar a otros, mientras madura en su fe. Dar nacimiento a un nuevo grupo celular proporciona nuevos desafíos de discipulado, nuevas habilidades, y cumple con la visión de Jesús de hacer discípulos a todas las naciones. Algunos llevarán la comisión de Cristo a otro nivel y se convertirán en plantadores de iglesias y en misioneros en otras partes del mundo.

Seis
GRUPO CELULAR MITOS Y VERDADES

Estimado Robert Lay,

Estoy muy impresionado con su ministerio en Brasil, y con su labor que ha sido como punta de lanza para el aprovisionamiento de recursos del creciente movimiento de la iglesia celular de Brasil. Parece que la visión celular tiene raíces profundas en su país, y que usted y su equipo han trabajado muy duro para desarrollar esas raíces. ¿Cuál cree que sea la razón más fundamental por la que se establecieron estas raíces? ¿Cuál es el mensaje central que ha establecido esta visión en las iglesias de Brasil?

Gracias por su tiempo,
Pastor Eduardo

Estimado pastor Eduardo,

Permítame responderle con una creencia medular que ha establecido la visión celular en Brasil: la célula es la iglesia. La célula no es un agregado. No es una opción entre muchos ministerios. No es un grupo inferior que se encuentra a la sombra de la verdadera iglesia. Es la iglesia.

Puedo declarar esto con completa confianza y establezco esta creencia en nuestras iglesias, no porque sea una buena estrategia, sino porque Jesús es el modelo para la Iglesia. Él enseñó sobre las buenas nuevas del Reino de Dios, un nuevo estilo de vida aquí y ahora. Él le enseñó a su iglesia cómo seguirle, cómo renunciar a sus profesiones y aprender de Él. A los pescadores les dijo, "Dejen de pescar peces, yo les enseñaré a pescar a los verdaderos peces". Yo les enseñaré y les mostraré cómo sanar, echar fuera demonios, proveer consuelo y demostrar amor."

Su estrategia era la de relacionarse con las personas donde estas vivieran. Él le enseñó a su célula de discípulos a solventar las necesidades de las personas en los hogares y en las calles. Jesús siempre estaba con su pueblo, muy a menudo en el camino. En el camino conoció a Zaqueo, al ciego, al cojo, al enfermo, y a todos aquellos con necesidades. Su ministerio no tenía una dirección, una oficina, un salón de clases, o edificios.

Su célula era una unidad de combate para enfrentarse con el enemigo en el frente de batalla. Es la Ecclesia, la iglesia en movimiento. Su célula, que era la iglesia, no estaba involucrada en una guerra virtual. Su iglesia se relacionaba, era relacional, no institucional. Lidiaba con la vida real y con temas terrenales. Como lo dice Bill Beckham, "La iglesia es una eficiente arma de combate".

Jesús también nos provee la correcta estructura de la iglesia. Él la organizó en grupos de 3, 12, 70, y 120. Cada una de estas cifras tenía tareas específicas a realizar. Jesús era un grandioso estratega, y nos proporcionó el modelo correcto.

Por lo que podemos concluir que la célula es tan iglesia, como lo es el servicio de celebración. Es el cuerpo de Cristo hoy, para cumplir con la tarea de difundir las buenas nuevas del Reino a todas las naciones. Las células son sus pies, sus manos, y sus ojos que ministran al necesitado, al pobre, al prisionero, y al enfermo. La célula es el nuevo odre diseñado por Jesús. Si queremos mantener el nuevo vino, el evangelio de la salvación gratuita, será mejor que utilicemos el odre adecuado para contenerlo.

Oro porque captures la visión de la vida celular y permitas que fluya a través de tu iglesia.

Que Dios te bendiga abundantemente,

Robert Lay,
pastor y movilizador del movimiento celular en Brasil.

Mito:

Las Células son una extensión del Servicio Dominical

Cuando empecé a investigar las iglesias celulares, las veía como extensiones de la verdadera iglesia que se reunía los domingos por la mañana. En ese entonces creía que las células eran simplemente medios para hacer crecer a la verdadera iglesia. Como muchos pastores, veía el servicio de celebración como la verdadera iglesia.

En las sociedades occidentales, la norma es el servicio de domingo por la mañana, no sólo por la herencia protestante, sino porque las personas no tienen tiempo para más que un servicio. Muchas iglesias orientadas al servicio del domingo harán énfasis en grupos pequeños, pero en la realidad, los grupos pequeños son sólo uno de los muchos programas. Estos son vistos como un extra-opcional, no como algo esencial. La persona es libre de unirse a un grupo pequeño o a un ministerio en la iglesia. A cada actividad se le pone el mismo énfasis a fin de mantener funcionando bien el servicio del domingo. Los grupos pequeños son sólo una manera de hacer que las personas sigan regresando.

Verdad:

La Célula es la Iglesia

El lugar más común de reunión de la iglesia primitiva era la casa. Al leer las epístolas, una y otra vez vemos a la iglesia en la casa. Aquí hay algunos ejemplos:

- Romanos 16:3-5: Saluda a Priscila y a Aquila, mis colaboradores en Cristo Jesús,
- que expusieron su vida por mí; a los cuales no sólo yo doy gracias, sino también todas las iglesias de los gentiles. Saludad también a la iglesia de su casa.
- 1ª Corintios 16:19: Las iglesias de Asia os saludan. Aquila y Priscila, con la iglesia que está en su casa, os saludan mucho en el Señor.
- Colosenses 4:15: Saludad a los hermanos que están en Laodicea, y a Ninfas y a la iglesia que está en su casa.
- Filemón 2: y a la amada hermana Apia, y a Arquipo nuestro compañero de milicia, y a la iglesia que está en tu casa.

La mayoría de cartas del Nuevo Testamento fueron escritas a las iglesias, en las casas, del primer siglo. Cuando Pablo, por ejemplo, escribió acerca de creyentes sirviéndose unos a otros, y esperándose unos a otros durante la santa cena, imagínense esto dentro del contexto de un hogar. Cuando Pablo expone sobre la operación de dones espirituales, visualiza un ambiente de iglesia en una casa. Cuando él resalta el rol que debe tener cada miembro en el cuerpo de Cristo, imagínate la cálida atmósfera de la iglesia primitiva en una casa. John Mallison escribe, "Es casi seguro que cada mención de una iglesia local o de una reunión, ya sea para adorar o para tener confraternidad, es en realidad una referencia a una reunión de iglesia en una casa."11 Hadaway, S. Wright y DuBose añaden, "Desde el principio, parece que fueron los hogares los lugares para las dimensiones más perdurables de la vida de la iglesia primitiva"12

Cada vez que les era posible las iglesias en las casas se reunían para hacer sus celebraciones. En 1ª de Corintios, Pablo escribe a la iglesia en la ciudad de Corinto (versículo 2), pero luego en el capítulo 16:19, él escribe a la iglesia en la casa de Priscila y de Aquila.

El Nuevo Testamento nunca define a la iglesia en términos de edificios, predicadores, o un lugar. Define a la iglesia de una manera bien simple. En mi libro, Planting Churches that Reproduce (Plantando Iglesias que se reproducen), dedico un capítulo a la definición de la "iglesia". Después de examinar la evidencia, creo que hay cuatro principios básicos que definen lo que es una iglesia:

Primero, la iglesia debe tener más de tres personas tal como se menciona en San Mateo 18:15-35.

Segundo: Las personas en la iglesia deben rendirle cuentas al liderazgo ordenado por Dios. Esto significa que los líderes van a conocer a los miembros, y los miembros tendrán una relación con los líderes. Hebreos 13:17 es claro al decir, "Obedeced a vuestros pastores, y sujetaos a ellos; porque ellos velan por vuestras almas, como quienes han de dar cuenta; para que lo hagan con alegría, y no quejándose, porque esto no os es provechoso." Darle cuentas al liderazgo requiere de un compromiso con la iglesia (1ª Corintios 5; Gálatas 6:1-2).

Tercero, Las escrituras lo hacen ver claramente que una iglesia necesita operar bajo el señorío de Cristo. Como Señor, Jesucristo es el salvador de la iglesia. La iglesia sirve a Cristo. Cristo murió y resucitó para ser Señor de ambos, tanto de los muertos como de los vivos. Un grupo de personas reunidas no es una verdadera iglesia a menos que Jesús sea El Señor.

Cuarto: Las iglesias deben participar de ambos sacramentos, del bautismo y de la cena del Señor (Ver Mateo: 28:18-20; 1ª Corintios 11).

Cuando mi grupo de hogar se reúne, es la iglesia misma reunida. Tenemos un liderazgo ordenado por Dios, nos reunimos regularmente, leemos la palabra de Dios, y participamos de los sacramentos—a veces en los grupos de hogar, y en otras ocasiones cuando todos los grupos de hogar se reúnen para tener una celebración en conjunto. Nosotros estamos bajo el señorío de Cristo y nos rendimos cuentas unos a otros. Es una reunión muy sencilla—sencilla y reproducible.

Mito:

Las Células Deben abarcar a Todos los Grupos Pequeños

En el libro *The Seven Deadly Sins of Small Group Ministry* (Los siete Pecados Capitales del Ministerio de Grupos Pequeños) Robinson y Donahue, dicen que es un pecado describir a un grupo pequeño muy limitadamente. De acuerdo con los autores, a todos los grupos pequeños se les debe dar igual tratamiento, ya sea un grupo de ujieres, diáconos, un grupo celular normal, o el ministerio de las prisiones.

Ted Haggard escribió un libro llamado *Dog Training, Fly Fishing, and Sharing Christ in the 21st. Century* (Entrenando perros, pescando con moscas, y compartiendo a Cristo en el siglo 21) en el cual declara que los grupos celulares son muy limitados y necesitan ser reinterpretados para adaptarse a una mentalidad más amplia.

Estos son sólo dos ejemplos, de aquellos que enseñan que los grupos pequeños o las células son lo que tú quieras que sean. Algunas iglesias se toman la libertad de reunirse regularmente sólo una vez por mes, se dividen al final del semestre, o cierran todos los grupos durante ciertos períodos. ¿Deberían considerarse grupos celulares todos los grupos?

Verdad:

Comience con una Definición de Calidad de la Célula

Como las primeras iglesias en las casas, las iglesias celulares de los tiempos modernos creen que la célula es la iglesia y que merece una definición de calidad. A partir de mi investigación sobre las iglesias celulares en crecimiento alrededor del mundo, he llegado a la siguiente definición:

> Las células son grupos de tres a quince personas que se reúnen semanalmente fuera del edificio de la iglesia con el propósito de evangelizar, de estar en comunidad, y de tener crecimiento espiritual con la meta de hacer discípulos que hagan discípulos, lo cual resulta en la multiplicación de la célula.

La multiplicación simplemente le da al discípulo el trasfondo para que ministre. El Centro Cristiano de Big Bear define a sus grupos celulares de forma similar pero con un énfasis diferente:
En el núcleo del Centro Cristiano de Big Bear existen grupos de vida, de tres a quince personas que se reúnen semanalmente por todos los alrededores del Valle de Big Bear. Empoderados

por el Espíritu Santo a través de la oración, su propósito es hacer discípulos a través del crecimiento espiritual, de vivir en comunidad, y de hacer evangelismo, resultando de todo esto la multiplicación del grupo.

Las células tienen mucha libertad con relación a escoger dónde reunirse, la lección que seguirán, su homogeneidad, nivel de participación, y cómo se llamarán a sí mismas. Sin embargo, dado que la célula es la iglesia, es fundamental que las células mantengan un alto nivel de calidad.

Las células deben mantener un fino balance entre flexibilidad (por ejemplo, con su ubicación geográfica, nombre, homogeneidad, lección, participación, etc.) y calidad (por ejemplo: definición clara).

Disminuir la calidad de la célula causará al final que toda la estrategia de la iglesia celular se derrumbe y eventualmente se desintegre.

Muchos han criticado el requisito de que la célula se reúna semanalmente. ¿Por qué no se reúnen de vez en cuando? El libro de Jim Egli y Dwight Marble de 2011, *Small Groups, Big Impact* (Pequeños Grupos, Gran Impacto), puso al descubierto las razones claves para tener reuniones semanales. Los autores encuestaron a más de tres mil líderes de grupos pequeños en veintiún países, utilizando un instrumento de encuesta y entrevistas para descubrir aquellas cosas correctas que los grupos debían hacer para ser evangelistas efectivos. Uno de los factores fue la necesidad de los grupos pequeños para reunirse semanalmente.

Ellos querían saber si hace alguna diferencia cuan a menudo un grupo pequeño se reúna. La investigación reveló que hace una tremenda diferencia. Los grupos que se reúnen cada semana experimentan dramáticamente más salud y crecimiento que los grupos que se reúnen cada dos semanas.

Los autores escriben lo siguiente:

> Básicamente, nos dimos cuenta que no pasa mayor cosa en un grupo que utiliza el formato de cada dos semanas. ¿Por qué? Una vez más, el estudio revela el que, pero no el por qué. Sin embargo, habiendo estado involucrados en pequeños grupos por más de veinticinco años, no creemos que sea difícil descifrarlo. El problema principal con un grupo de cada-dos-semanas, es que la mayoría de personas no pueden asistir a todas las reuniones. Los conflictos con el horario, enfermedades, compromisos familiares, los programas escolares, y los proyectos laborales, son algunas razones que evitarán que puedan asistir a todas las reuniones. Digamos que la persona promedio faltará al grupo pequeño una vez al mes o menos. Si tú y yo estamos en el mismo grupo, y tú faltas a la primera reunión este mes y yo falto a la siguiente, pueda que sólo nos veamos cada seis semanas o menos. Reunirse cada dos semanas hace que sea bien difícil formar relaciones cercanas y significativas. Si estás actualmente en un grupo que se reúne cada dos semanas, tal vez quieras revaluar con el grupo sobre la posibilidad de comenzar a reunirse cada semana, o al menos tres veces al mes. Otra alternativa sería complementar tus reuniones de cada dos semas con una reunión mensual adicional que sea orientada a tener esparcimiento y a invitar. Si estás iniciando un nuevo grupo, recomendamos que planees que tu grupo se reúna semanalmente, teniendo en cuenta que debes variar el formato de tus reuniones para que de manera consistente dentro de tu combinación de actividades estés organizando eventos como fiestas, comidas al aire libre, y proyecciones misioneras o ministeriales.[13]

Definir a la célula con una definición de calidad ayudará a asegurar (no a garantizar) que los miembros también tengan una experiencia de calidad. Cada parte de una definición saludable debe contribuir con la verdad que la célula es la iglesia. Algunas personas vendrán a la célula antes que asistan a un servicio de celebración (la reunión de las células en un lugar específico). Estos miembros sólo-celulares, necesitan experimentar la verdadera iglesia de Jesucristo.

Mito:

Todos los Grupos Deben ser Homogéneos

En 1998, la Misión Carismática Internacional, en Bogotá, Colombia encontró el éxito en la conversión de sus células a distintas categorías: de hombres, jóvenes, y niños. Esta nueva categorización le dio a MCI una nueva vitalidad y crecimiento. La iglesia comenzó a enseñarles a sus iglesias de la red que este cambio era el "nuevo modelo", el nuevo camino a seguir por todas las iglesias de la red.

Ellos comenzaron a promover esta nueva idea como el secreto de su éxito. Las células familiares estaban fuera, las estrictas categorías homogéneas dentro.

Algunas iglesias comenzaron a aceptar esta nueva "forma homogénea", como la única manera de realizar el ministerio celular. Estas iglesias creyeron que esta era la nueva manera de hacer crecer a sus iglesias y aceptaron incondicionalmente este modelo. También empezaron a impulsar este nuevo formato como la nueva ola que debían utilizar todas las iglesias celulares— esto, si querían crecer y prosperar.

Verdad:

Permita que la Homogeneidad se Desarrolle Naturalmente Mientras se Multiplican las Células

Cuando una iglesia encuentra algo que funciona, a menudo lo promueve con otros como la nueva clave, la manera para ser exitosos. Es tan fácil abandonar los principios a favor de una nueva técnica.

No obstante, la homogeneidad no debería ser el enfoque principal. Más bien, debería fluir de manera natural a medida que surjan las necesidades. Yo les indico a las iglesias que primero empiecen con una clara definición para asegurar la calidad del grupo. Después de establecer una clara definición para todos los grupos, la homogeneidad fluirá de manera natural.

Tengo una especial afinidad con la familia porque la familia es la base de la sociedad y se encuentra hoy en día en una desesperada necesidad de ser sanada. Muchas células les permiten a los niños estar presentes a fin de subrayar el hecho de que la iglesia de Jesucristo es ciertamente una familia.

El grupo familiar, sin embargo, no es la única manera de organizar el ministerio celular. Digamos que haya una persona en un grupo celular familiar que se sobrepuso a la adicción a las drogas. Esta persona decide que quiere iniciar un grupo celular homogéneo dirigido a drogadictos. Termina la capacitación, habla con su líder de célula, y luego se lanza a dirigir un grupo de personas que han luchado o están luchando con las drogas. Este sería un grupo celular homogéneo enfocado a personas con problemas de drogadicción.

A veces es más fácil alcanzar a personas que tienen el mismo enfoque. Jane por ejemplo, es una adulta, soltera y trabaja a tiempo completo. Jane tiene amigos fuera de la iglesia que son solteros y trabajan como profesionales. Sí, Jane los podría invitar a la célula familiar, pero ella siempre ha querido iniciar su propio grupo celular y ya completó la capacitación. Ella lanza un nuevo grupo celular orientado hacia adultos profesionales.

El nuevo grupo es una respuesta muy natural al círculo de influencia de Jane. Toda la iglesia no tiene que seguir su ejemplo y dividirse entre grupos de hombres o de mujeres para acomodar a las personas como Jane. Nuevos grupos homogéneos pueden emerger de manera natural al surgir la necesidad.

La mayoría de células en la iglesia de Jane están orientadas a la familia. La iglesia de Jane cree que la familia es la base de la sociedad y que la sociedad vivirá o morirá de acuerdo a la salud que tenga la unidad familiar. No obstante, la iglesia también practica la libertad de formar nuevas células basadas en una homogeneidad específica.

Recientemente dirigí una célula para hombres y mi esposa dirigió una célula para mujeres. Sin embargo, mi esposa y yo hemos dirigido juntos en el pasado principalmente células familiares, especialmente con nuestros hijos en la célula. Cuando nuestros hijos iniciaron una célula juvenil, en una noche diferente, nosotros continuamos dirigiendo una célula para adultos. Eventualmente, nos sentimos dirigidos a multiplicarnos en un grupo para hombres y en un grupo para mujeres.

Mito:

El Anfitrión Designado Debe Ser una Sola Persona

Algunos ministerios celulares están convencidos que un grupo celular debe tener un anfitrión permanente, y que el anfitrión no debe ser el líder de la célula.

Este punto de vista tiene muchos beneficios. Primero, le quita la carga al líder de la célula de prepararse para la reunión celular y lidiar con todas las tareas del anfitrión. También le permite a otra persona dentro de la célula asumir una mayor responsabilidad.

La iglesia Elim por ejemplo, enfatiza fuertemente en el importante ministerio del anfitrión. Por lo general, el anfitrión de cada célula en iglesia Elim es diferente del actual líder de la célula.

El ministerio del anfitrión o de la anfitriona es fundamental para el crecimiento exitoso del grupo celular. Pero ¿Debería tener cada célula un anfitrión permanente, y debería ser ese anfitrión diferente al líder?

Verdad:

Un Arreglo para Compartir el Privilegio de Anfitrión es A Menudo la Mejor Opción

Algunos creyentes son hospitalarios por naturaleza. Les encanta abrir sus casas a otras personas. Otros luchan contra eso. Un horario de rotación periódica puede ayudar a compartir la carga y hacer del ministerio celular algo más factible. Rotar el lugar de la reunión también ayuda a los miembros de la célula a darse cuenta que hay tanta bendición como responsabilidad en la dirección de un grupo celular. Se puede aprender mucho de los unos y los otros al reunirse en diferentes hogares. La rotación periódica también puede empujar la célula dentro de los hogares de aquellos que tienen amigos no-cristianos, quienes no irían a la casa de otra persona.

Sin embargo, ¡Otros insisten que las células deben rotarse cada semana! Yo no creo necesario rotarlas cada semana, pero es una magnífica idea hacerlo ocasionalmente.

 **Mito:**

Pedirles a Todos que Estén en una Célula Refrena el Uso de Dones Espirituales

Algunas personas han reaccionado con la idea que todos deben estar en un grupo celular. "¿No refrenaría esto la creatividad y el talento de una persona?" Dicen ellos. "¿No sería mejor que algunos se unieran a una célula mientras que otros a un programa en particular de la iglesia?"

Muchos pastores creen que si alguien tiene la necesidad de hacer algo, él o ella, debe iniciar un nuevo programa. O tal vez ya exista un programa operando en la iglesia que hará florecer ese talento. Si no, la iglesia debe crear un nuevo ministerio para la persona. ¿Es así cómo operaba la iglesia primitiva?

 **Verdad:**

El Grupo Celular es el Mejor Lugar para Descubrir Dones Espirituales

Al principio, en mi ministerio celular, una persona trató de convencerme para que añadiera otros programas, para que las personas pudieran encontrar y ejercitar sus dones espirituales. "Pero en los grupos pequeños ellos tendrán la oportunidad de ejercitar sus dones", le argumenté. "Aquellos con el don de misericordia tendrán la oportunidad de ministrar a aquellos con necesidad—tanto dentro como fuera del grupo. La persona con el don de enseñar puede aclarar un pasaje de la escritura.

Aquellos con los dones de servicio o de ayuda, tendrán muchas oportunidades para usar sus dones en la célula".

Él en realidad no escuchó lo que le estaba diciendo y nuestra conversación esa noche terminó en un estancamiento. Ambos teníamos opiniones fuertes. Pero la conversación fue una bendición disfrazada porque me forzó a revisar el tema de los dones espirituales en los grupos celulares. La conversación me movió a retornar a las Escrituras en busca de respuestas.

Me di cuenta nuevamente que cuando Pablo escribió sobre los pasajes de los dones, él les estaba escribiendo a creyentes que se reunían en grupos de hogar (Efesios 4; Romanos 12 y 1ª Corintios 12-14). En los tres pasajes acerca de los dones, el entrelaza el talento con el cuerpo de Cristo. La única manera de saber dónde una persona encaja dentro del cuerpo de Cristo es descubriendo su talento. La atmósfera hogareña de la iglesia primitiva le dio a cada persona una amplia oportunidad para probar, verificar y descubrir su propio talento espiritual, y el lugar que ocupa dentro del cuerpo de Cristo.

Yo animo a los líderes de célula a estudiar los dones del Espíritu y ha acercarse a los miembros de la célula para conocer cuáles son sus dones. Algo que descubrí al escribir el libro *The Spirit- filled Small Group: Leading your Group To Experience the Spiritual Gifts* (El Pequeño Grupo Lleno del Espíritu: Dirigiendo a tu Grupo a Experimentar los Dones Espirituales), es que cuando una persona conoce y utiliza su don espiritual, él o ella se sentirá más responsable y además sentirá que otros la necesitan. La persona no quiere faltar a la célula, sabiendo que a él o a ella la necesitan en el cuerpo de Cristo.

Creo que hoy, más que nunca, necesitamos volver al grupo pequeño, por ser este el lugar principal donde ejercitar los dones espirituales. Este es el contexto más natural en el que encontraremos, descubriremos y utilizaremos los dones espirituales.

Siete
COMUNIDAD MITOS Y VERDADES

Estimado Dr. Cordle,

Vivir en comunidad es fundamental para la vida de la iglesia celular. Pero parece que la comunidad es un gran desafío, especialmente en el Occidente. De sus años de trabajo con grupos celulares, ¿Nos podría decir cuál es su percepción sobre cómo en realidad funciona la comunidad en las células?

Gracias por su tiempo,
Pastor Francisco

Estimado pastor Francisco,

Al iniciar tu viaje por la iglesia celular, permíteme compartir algunos pensamientos contigo acerca del tipo de comunidades que estarás creando.

Un grupo celular es esencialmente una red de relaciones. No obstante, no deberás cometer el error de promover a las células sobre la base de la comunidad. Cuando trates de convencer a alguien a unirse a una célula, no te será de ayuda decir algo como, "En una célula encontrarás verdadera comunidad—relaciones profundas e íntimas."

Aunque sea cierto que fuimos creados para vivir en comunidad, recuerda que las personas hoy en día, así como anhelan, también temen tener relaciones cercanas. Tienen una necesidad impuesta por Dios de relacionarse con otros, por lo que hay cierto grado de hambre por relacionarse. Pero también temen a vivir una verdadera comunidad. Tal vez sea porque rara vez, sino es que nunca, la han experimentado. Las familias se fracturan a menudo hoy en día, y un creciente porcentaje de personas no saben cómo desarrollar y mantener relaciones sanas. Así que tratar de atraerlos para formar parte de un grupo con la promesa de vivir una comunidad cercana es como invitarlos a experimentar sus más grandes temores.

Así que al traer a personas a vivir juntas en comunidad en una célula, ten en cuenta que muchos no sabrán como relacionarse. Ellos se esconderán detrás de máscaras, serán poco fiables con el compromiso, y dejarán insatisfechas las necesidades de otros. Tal vez hasta se ofendan unos a otros. La comunidad será un caos pero eso no quiere decir que esté fallando. De hecho, muy a menudo es en medio del caos que las personas crecen más.

Por ejemplo, cuando la personalidad de un miembro irrita a otro, se da la oportunidad de crecer en amor y en paciencia. La respuesta natural de la parte en conflicto que se siente irritada puede ser la de abandonar o la de buscar otro grupo donde *hayan personas que se le parezcan más a ella. Pero El Señor querrá ayudar a esta persona a crecer en amor aceptando y tolerando al otro.*

Si tú dices "Ven al grupo celular, es dónde podrás satisfacer tus necesidades de vivir en comunidad," algunos podrán decir "Ya no necesito más comunidad. Tengo suficientes amigos y familia". (Esto es particularmente cierto en áreas rurales).

La comunidad es una parte vital de la experiencia del grupo celular, pero un grupo saludable es en realidad una comunidad con una causa. La célula tiene un propósito más allá de sí misma. Aún la persona que tiene suficientes amigos necesita crecer para ser como Cristo y unirse a su misión en el mundo. Y la mejor manera de hacer eso es en comunidad con otros seguidores de Cristo. Un grupo celular es un grupo de personas que están enfocadas no sólo en ellas mismas sino en vivir juntos los propósitos de Dios. Seguir a Jesús en comunidad nos transforma cuando se está enfocado hacia el exterior.

Un grupo que se enfoca sólo en aquellos que están dentro del grupo perderá el enfoque hacia el exterior, que es el que trae vida. Un grupo que crece hacia adentro se marchita, porque no recibe la energía que viene de dar la bienvenida a nuevas personas o de servir al mundo. La experiencia de vivir en comunidad es realzada a medida que el grupo se da a sí mismo.

Si quieres desarrollar grupos que experimenten una comunidad profunda, enséñales estos principios desde el inicio. Al comienzo, algunos no te creerán porque van tan en contra del sentido común. Pero cuando practiquen esta realidad, profundizarán y demostrarán la realidad de lo que es para otros una verdadera comunidad.

Muchas bendiciones para ti al experimentar la comunidad,

Dr. Steve Cordle, Pastor General de Crossroads, una iglesia celular en crecimiento, en Pittsburgh, y autor del libro <u>La Iglesia en Muchas Casas.</u>

Mito:

Las Células Tratan Sólo sobre Comunidad

Algunos creen que la razón principal del grupo celular es la comunidad. Entiendo este mito porque vivo en el Occidente y puedo ver de primera mano como la gente pide a gritos una familia y relaciones mutuas. Los niños crecen en un ambiente de soledad y separación. Sus padres están divorciados, y se sienten gravemente no-preparados para establecer relaciones a largo término. Con este trasfondo, es bastante lógico enfatizar el aspecto de la comunidad en el ministerio de grupos pequeños, porque pareciera el más importante. Pero, ¿Es la comunidad la única razón por la cual realizamos las células?

Verdad:

Las Células Enfatizan la Comunidad, El Evangelismo y la Multiplicación

La comunidad es sólo una de las características de los grupos celulares efectivos. Las células también hacen énfasis en el evangelismo, el crecimiento espiritual, y en el desarrollo del liderazgo que conduce a la multiplicación.

Un error común es enfocarse en una característica de la célula y descuidar las otras. Por ejemplo, las células necesitan el evangelismo para llevar adelante la comunidad. La comunidad se puede estancar y secar sin la visión de alcanzar a otros. De hecho, el evangelismo fortalece la comunidad en la célula al forzar a sus miembros a ver más allá de sí mismos y compartir con otros la experiencia de vivir en comunidad.

Cuando se le da una misma dirección a la comunidad, esta es enriquecida. La amistad entre soldados se forja en la batalla. Ellos dependen el uno del otro y comparten sus vidas de manera profunda. Los miembros de las células también se acercan más cuando van más allá de sus propios intereses para alcanzar a aquellos que no tienen a Jesús.

La comunidad entregada a través de la multiplicación de un discípulo preparado da continuidad a la preocupación de Cristo por un mundo perdido.

Uno de los grandes peligros de la comunidad es cuando crece hacia dentro, se estanca y el resultado es algo muy lejano a una verdadera comunidad. Los grupos pequeños sin una válvula de presión para alcanzar a otros y sin ver más allá de sí mismos, pueden llegar a ser absorbentes. Estos necesitan un empujón externo que les ayude a alcanzar el próximo nivel de madurez.

Recuerdo un grupo celular en Ecuador que se enfocaba por completo en la comunidad y se rehusaba en aceptar nuestra nueva visión de comunidad y evangelismo. Descubrimos que este grupo se había convertido en una de las fuentes principales de habladurías en la iglesia. Tratamos de hacerlos cambiar y que vieran hacia afuera, pero se rehusaron. En vez de bendición, el grupo se convirtió en un estorbo.

Stuart Gramenz, un plantador de iglesias en Australia, les enseña a los miembros de las células sobre la necesidad de tener GOZO, (Acróstico para la palabra inglesa *JOY: Jesus, Others, You,* que traducido es: Jesús, Otros, Tú). Él les dice que ellos deben escuchar primero a Jesús. Sólo Jesús puede transformar los corazones y las mentes.

Stuart explica que nuestra tendencia humana es querer que otros se enfoquen en nosotros. Nuestra naturaleza pecaminosa demanda atención. Pero el gozo verdadero procede de Jesús al solventar las necesidades de los demás. Tú vas de último. Parece lógico pensar en uno mismo después de Jesús—pensar en mi necesidad por vivir en comunidad. Sin embargo, más bienaventurado es dar que recibir. Nos beneficiamos mucho más, al darnos a los demás.

Los grupos celulares efectivos intentan trasladar a cada miembro de un énfasis en mí a un énfasis en los demás. Los demás pueden ser aquellos en el grupo, o los demás pueden ser aquellos que aún no son parte del grupo. Los demás pueden vivir en el vecindario o ser los amigos del trabajo.

Mito:

La Reunión Celular va a satisfacer Todas las Necesidades

Vi un documental sobre Lewis y Clark y sus viajes hacia lo desconocido. Antes de emprender el viaje, les entregaron una medicina muy particular que fue descrita como "la poción cúralo todo". Siempre que alguien reportaba alguna enfermedad o problemas físicos, le daban esta particular medicina. De acuerdo a los registros médicos de esa época, lo que esta en realidad hacía era limpiar el cuerpo, pero en realidad no ayudaba medicamente. Quizás el alivio psicológico era su virtud principal.

Algunos en el movimiento celular resaltan la reunión celular de noventa minutos como una poción mágica cura-todo, la cual supone satisfacer todas las necesidades de los miembros.

La reunión celular es un momento poderoso, y Dios usa a cada miembro para sanar a otros. Aunque son sólo noventa minutos, la reunión celular es fundamental. Sin embargo, ¿Sería posible que se espere demasiado de ella?

Verdad:

La Reunión Celular es Sólo Un Aspecto de la Vida en Comunidad

La vida se vive 24 horas, 7 días a la semana, mientras que la reunión celular dura noventa minutos. Es absurdo esperar que la reunión de grupo se ocupe de toda la transformación espiritual que necesitan los miembros del grupo. Pero eso mismo es lo que muchos esperan. He descubierto que si bien es cierto que la reunión celular es crucial, el crecimiento más importante se da fuera del intervalo de tiempo de noventa minutos.

El grupo celular es un punto de despegue para la vida que se vive entre una y otra reunión. Yo les digo a los de mi célula de hombres que durante la semana oren los unos por los otros. Cuando nos vemos el domingo preguntamos sobre esas peticiones. Sin embargo, cada miembro tiene que vivir su vida cristiana cada día de la semana.

Me emociona cuando los miembros de la célula se mantienen en contacto a través de mensajes de texto, correos electrónicos, llamadas telefónicas, o reuniones personales. Una llamada telefónica de otro miembro puede ser muy fructífera. El teléfono celular juega un rol muy importante en unir a los creyentes, pero sólo es una parte de ese proceso.

Rob Hastings, el nuevo Pastor General del Centro Cristiano de Big Bear (Gran Oso), escribe lo siguiente:

Recientemente he estado tratando de entender lo que es la comunidad, y cómo la podemos experimentar en nuestras células. Estoy empezando a ver que tal vez no tenga que hacer que se dé la comunidad sólo dentro de mi grupo, sino asegurarme que todos en mi grupo estén viviendo una relación cercana. He venido a darme cuenta que no puedo "facilitarles" vivir en comunidad durante la reunión de hora y media. Yo quiero que las personas se reúnan fuera de la reunión, que se animen unas a otras, y que intenten crear esa comunidad durante la semana.

Rob se dio cuenta que la célula no podía satisfacer todas las necesidades de los miembros del grupo, las de vivir en comunidad, y las personales. La reunión celular estaba limitada en su alcance y propósito.

Ambas, tanto la célula como la celebración son importantes en la vida de cada creyente, pero ninguna de las dos consuma el propósito de Dios. Ambas nos apuntan por la dirección correcta y juegan un papel crítico en nuestras vidas. Funcionan como trampolines que nos impulsan hacia adelante en nuestra vida diaria.

Mito:

El Líder de la Célula Debe Fomentar Todas las Relaciones Dentro del Grupo

Un líder de célula en particular, de la Iglesia Metodista Libre de Brookside, estaba preocupado por los requerimientos de tiempo del ministerio celular—especialmente con referencia a la construcción de relaciones mutuas. Con un trabajo a tiempo completo, una familia joven, y con muy poco tiempo para ofrecer a la iglesia y a la célula, él pensó que además tenía que fomentar las relaciones entre los miembros de la célula.

Muchos líderes de célula se encuentran atribulados con el liderazgo celular porque piensan que ellos son responsables de que se dé la comunidad dentro de la célula. ¿Es cierto esto?

Verdad:

Las Personas Dentro del Grupo Deben Compartir la Carga de fomentar las Relaciones

Le dije al líder de la Iglesia Metodista Libre que él no tenía que tomar sobre sus hombros la carga de fomentar la comunidad, y que ese no era su rol. Le dije que cada miembro de la célula es responsable de construir relaciones entre sí. Le dije que su tarea era dirigir al cuerpo de Cristo (por ejemplo, a aquellos que están en la célula) a amarse y a servirse unos a otros.

La construcción de relaciones es una parte tan fundamental del ministerio celular que no debería ser la responsabilidad de una sola persona. Todos los miembros deben estar involucrados.

Las escrituras nos dicen que todos somos ministros, todos somos sacerdotes del Dios viviente (Apocalipsis 1:6). La Biblia nos dice en 1ª Corintios 12 que cada uno juega un papel vital dentro del cuerpo de Cristo. Efesios 4:16 dice, "de quien todo el cuerpo, bien concertado y unido entre sí por todas las coyunturas que se ayudan mutuamente, según la actividad propia de cada miembro, recibe su crecimiento para ir edificándose en amor".

Un verdadero grupo celular consiste en que todos formen parte de él. Si el líder es quien lo hace todo, los miembros no aprenderán la importancia de depender los unos de los otros. Ellos no crecerán juntos. Roberto Lay, el líder de un emocionante movimiento de recursos celulares en Brasil, repite esta frase una y otra vez: *toda casa una iglesia y todo miembro un ministro.*

Todos nosotros somos ministros. La célula está posicionada de manera única para hacer de esta verdad una realidad. Todos deberían estar involucrados en hacer que funcione.

Una de las formas en que se anima a los miembros a ayudarse mutuamente es mediante reuniones semanales en grupos específicos de género. Los metodistas popularizaron estos sub-grupos más pequeños a los cuales llamaron "bandas". Los metodistas fueron famosos por sus clases (células), pero las bandas fueron también parte esta reinvención metodista. Estas bandas eran sub-grupos de las reuniones de clases (células) y se reunían para relacionarse profundamente y rendirse cuentas. Cuando estaban reunidos se hacían las siguientes preguntas:

1. Desde que nos reunimos la última vez, ¿Qué pecados estás consciente de haber cometido?
2. ¿Con qué tentaciones te has encontrado?
3. ¿Cómo fuiste liberado?
4. ¿Qué has pensado, dicho o hecho, de lo cual dudas que sea o no pecado?
5. ¿No tienes nada que desees mantener en secreto?

El líder de célula debe animar a los miembros a reunirse en pequeños sub-grupos para ministrarse, practicar deportes juntos, orar por teléfono, o para hacer cualquier otra actividad que fomente relaciones basadas en el amor.

Cuando el líder asume la responsabilidad por la construcción de todas las relaciones, el o ella está adquiriendo una carga innecesaria. No es la que Jesús da. Jesús dijo en San Mateo 11:28-30, "Venid a mí todos los que estáis trabajados y cargados, y yo os haré descansar. Llevad mi yugo sobre vosotros, y aprended de mí, que soy manso y humilde de corazón; y hallaréis descanso para vuestras almas; porque mi yugo es fácil, y ligera mi carga."

Ocho

EL EVANGELISMO MITOS Y VERDADES

Estimado Sr. Neighbour,

Usted creció en el hogar de uno de los pioneros de la iglesia celular. Su padre siempre habla con gran pasión sobre el evangelismo, y parece que esta misma pasión se encuentra entretejida en ti. ¿Te importaría compartirme sobre cómo funciona en realidad el evangelismo en las células?

Apreciaría lo que pudieras compartir.

Pastor Carlos

Estimado Pastor Carlos,

Alcanzar a las personas para Cristo a través de los grupos celulares es toda una nueva forma de vida para la mayoría de cristianos en el Occidente. Ellos por lo general definen el "evangelismo" como compartir con un desconocido un testimonio de dos minutos sobre su experiencia de conversión, con la esperanza que Dios enviará un rayo de convicción al alma desprevenida. La verdad es que la mayoría de cristianos occidentales no tienen una interacción significativa con personas que no son de la iglesia, y raras veces comparten su testimonio. Se han envuelto dentro de una sub-cultura religiosa que los escuda de la interacción social con el mundo exterior.

Por el contrario, en una saludable comunidad bíblica como lo es un grupo celular, no existen los desconocidos. El testimonio propio es compartido a través de una amistad profunda, y a través de un estilo de vida. Los buenos momentos son celebrados y los malos también son soportados juntos. La vida se vive en medio de relaciones con personas que están tanto cerca, como lejos de Cristo.

Al reflexionar en mis experiencias personales sobre el evangelismo que se da en medio de las relaciones mutuas en los grupos, este por lo general se convierte en una experiencia de conversión silenciosa para el nuevo creyente. La persona primero se convierte en amigo de un miembro del grupo antes de hacer un compromiso por Cristo.

Algunas veces vienen a reuniones celulares, y en otras ocasiones su timidez les ahuyenta de reuniones más formales, pero ellos continúan siendo parte de nuestro grupo. Una y otra vez, he visitado a nuevos creyentes que dicen, "¡Hey, casi se me olvida decirte! El sábado por la mañana me desperté y me di cuenta que necesitaba entregarle todo a Dios. Le agradecí por enviar a su Hijo, y creo que finalmente me estoy conectando con Dios".

Fui sorprendido la primera vez que sucedió "esto de que se te escabullan por la puerta lateral del Reino". ¡Después de todo, trabajé tanto y ni siquiera llegué a orar "la oración del pecador"

con la persona! Dios comenzó a darme a mí y a mis co-líderes una nueva perspectiva sobre la evangelización. Él nos mostró que somos llamados a servir a los no-creyentes, y no a convencerlos a que se hagan como nosotros. Nuestro trabajo fue convertirnos en amigos genuinos—amigos que revelaban sus flaquezas e inseguridades, que compartían experiencias de la vida tanto buenas como malas, y que se amaban incondicionalmente y sin expectación. Cuando este tipo de amistad comenzó a desarrollarse en la red de amistades de nuestro grupo, los no-creyentes sirvieron con nosotros, se rieron con nosotros, e incluso lloraron con nosotros.

Al experimentar el evangelismo del grupo celular, ¡Ten en cuenta que consiste en amar a las personas lo suficiente como para convertirte en un verdadero amigo, y así estas puedan ver a Cristo en ti! Sólo piensa que es bueno tener a la mano un testimonio de dos minutos en caso que el Espíritu te motive a compartirlo con un desconocido, pero vas a necesitar un testimonio de dos horas cuando un amigo cercano quiera saber porque crees en el mensaje cristiano.

Muchas bendiciones,

Randall Neighbour,
Presidente de Touch Outreach (Divulgando Su Toque), y autor de varios libros sobre el ministerio celular.

Mito:

El Enfoque de la Célula es Enteramente Evangelístico

Las iglesias celulares crecientes alrededor del mundo han aprendido a hacer evangelismo celular muy bien. Sus células no sólo están comprometidas con tener fraternidad sino con el alcance evangelístico. De hecho una de las diferencias clave entre los grupos pequeños en general y las células, es el énfasis evangelístico. Las iglesias celulares posicionan sus células para evangelizar y multiplicarse, mientras que muchas iglesias convencionales se enfocan primordialmente en tener comunidad y fraternidad dentro de los grupos pequeños. Sin embargo ¿Sería posible estar demasiado enfocado en el evangelismo celular?

Verdad:

Las Células Efectivas Necesitan un Fuerte Núcleo de Creyentes

Aunque la célula deba extenderse a alcanzar a los no-creyentes, la única manera de multiplicarse es teniendo un núcleo de creyentes que estén capacitándose y preparándose para reproducirse.

Ken Brown, un plantador de iglesias celulares en Delaware, ya tenía una pasión color rojo vivo, por alcanzar a no creyentes a través del ministerio celular, pero descubrió que la mejor manera de lograrlo era estableciendo un núcleo. Le pedí que escribiera un blog acerca de su descubrimiento:

Tengo muchos deseos por ver que las células se conviertan en un semillero de actividad evangelística que haga una infusión de celosos nuevos creyentes a nuestro sistema celular, creciendo y desarrollándose hasta tomar su lugar dentro del ministerio para el Reino. Así que después de terminar de leer el libro de Joel *Pasión y Persistencia*, me pregunté a mí mismo, "¿Qué puedo hacer para crear una atmósfera dentro de mi célula donde este espíritu nacido de la unidad pueda ser expresado por todos los miembros?" Al revisar lo que había leído, me di cuenta que los requisitos de Elim, de sostener una segunda reunión celular por semana, era una grandiosa manera de priorizar el evangelismo en las vidas ocupadas de mis miembros de la célula. Así que en nuestra próxima reunión celular de domingo por la noche, pregunté quienes estarían dispuestos a reunirse conmigo brevemente en la noche del jueves, para planear la próxima reunión celular. Dividimos las cuatro partes de la célula entre los presentes, nos animamos mutuamente a completar la ruta de capacitación, y lo más importante, decidimos a quién entre nuestra familia y amigos no- salvos íbamos a invitar a la célula. La programación de esta reunión de mi núcleo se convirtió en un filtro que les permitió a aquellos verdaderamente interesados en ganar almas a expresarlo mediante su asistencia. A la próxima reunión celular asistieron dos que no conocían a Jesús, y quienes a pesar de no responder al llamado al menos escucharon las buenas nuevas.

Ken se dio cuenta que necesitaba mover al núcleo de creyentes hacia un equipo para evangelizar efectivamente.

El aprendió esto de Iglesia Elim, la cual tiene dos reuniones por separado—una destinada al núcleo de creyentes, para planificar y orar, y la otra es del grupo celular normal orientada-de manera evangelística.

La célula normal en Elim se reúne los sábados por la noche. El equipo planificador se reúne los jueves (o miércoles) por la noche, para planificar el grupo celular normal y evangelístico.

Cualquiera que sea un creyente en Jesucristo puede participar en la reunión de planificación de mediados de semana. La reunión de planificación le permite a aquellos con hambre de servir a Jesucristo involucrarse más profundamente en la vida celular, teniendo la oportunidad de planear, orar, y actuar. Aquellos que participan en la reunión de planificación entre semana, son considerados el núcleo o centro.

Elim se da cuenta que las mejores células son las dirigidas por equipos y no por un solo individuo, y la reunión de planificación de entre semana permite el espacio para que suceda el involucramiento en equipo. René Molina, pastor general, de Elim en Los Ángeles, me dijo, "La reunión de planificación es la oportunidad que tienen los miembros de mostrar su interés por alcanzar más perdidos". Ellos se reúnen porque tienen celo por ver que algo más suceda en su célula. También es una oportunidad para ver cuan comprometidas están las personas".

La iglesia Elim está convencida que el éxito del grupo celular depende del núcleo, o equipo. Elim ha aprendido por experiencia a no exaltar a una persona. Ellos realmente creen que el éxito en el ministerio celular significa capacitar a un ejército de líderes. Mario Vega dijo, "La preparación del núcleo es parte de la cultura de Elim. Después de dieciséis años, los miembros de la célula saben que la meta es la multiplicación y se preparan para hacerlo realidad".

Recuerda que Jesús también tenía un grupo de tres dentro de su grupo de doce. Michael Mack ha escrito un excelente grupo llamado *Burnout-Free Small Group Leadership* (Libre de Agotamiento Liderazgo de Grupos Pequeños). Mack está en contra del líder estilo Llanero Solitario, y expone los beneficios que supone tener un equipo de liderazgo. Jesús desarrolló su equipo, así como también Pablo. Eclesiastés 4:12 dice, "Y si alguno prevaleciere contra uno, dos le resistirán; y cordón de tres dobleces no se rompe pronto".

Mito:

El Evangelismo en la Iglesia Celular es Sólo para Relacionarse

Supervisé a un pastor muy versado en la enseñanza de la iglesia celular. Mi pidió que lo supervisara para asegurarse que estaba en el camino correcto.

El entendió por medio de los libros y seminarios que la única manera correcta de evangelizar en la iglesia celular era a través de las relaciones mutuas. El había leído comentarios críticos acerca de todos los demás métodos de evangelismo que no se basaban en relaciones mutuas, y quería asegurarse que su iglesia celular siguiera la filosofía celular pura. Él supuso que necesitaba hacerse amigo de personas que no conocían a Jesús, y después de un largo tiempo ganarlas para Cristo.

Había cultivado algunas relaciones fuertes con no-cristianos y hasta había tomado un prospecto para un viaje de acampar. Él ahora estaba esperando por que se produjera ese fruto deseado. Sin embargo, también sabía que necesitaba alcanzar a muchas otras nuevas personas para mantener próspera su iglesia que había plantado. Él en realidad no sabía que hacer.

Verdad:

No te Limites a Un Solo Método Evangelístico

Le dije a este pastor plantador de iglesias, en particular, que abriera las puertas de par en par hacia nuevas posibilidades evangelísticas. Él no necesitaba enfocarse sólo en el alcance a través de las relaciones mutuas. Él tenía una carga clara por proveer alimento y vestido al hambriento. Mientras oraba por las posibilidades, estableció una despensa en medio de su pequeño pueblo en Texas, y comenzó a ganarse los corazones y las mentes de aquellos en el pueblo satisfaciendo sus necesidades físicas. El ministerio celular era su principal filosofía de ministerio, y movilizó a los miembros de la célula para ayudar en la despensa, compartir el evangelio, y darles seguimiento a los interesados.

La Escritura nos dice que debemos plantar y regar y que el crecimiento lo dará Dios. No menciona una manera en particular para evangelizar. Jesús evangelizó al aire libre al predicar, uno por uno a través de relaciones mutuas, y sanando a las personas.

Las iglesias celulares también utilizan una amplia variedad de eventos para alcanzar a otros. Muchas iglesias celulares tienen eventos de cosecha en los que participa toda la iglesia, en los cuales los miembros de la célula invitan a los que no han sido alcanzados a un evento orientado de manera evangelística. Algunas células alcanzan a las personas a través de la evangelización en sus vecindarios, de comidas al aire libre, alimentando al hambriento, por medio de caminatas de oración, y eventos de divulgación. El evangelismo en medio de las relaciones mutuas funciona mejor en conjunción con otras formas de alcance. No es sabio sólo confiar en llegar a conocer algunos amigos por un largo tiempo, cuando el resto de no-cristianos se va al infierno sin Jesús.

Aunque yo promuevo muchos tipos de alcances evangelísticos, no estoy a favor de establecer programas evangelísticos que compitan con la célula. Tales programas requieren de mucho trabajo y de esfuerzo humano para mantenerse funcionando, y al final les quita a los miembros de la célula su tiempo personal que dedicarían para alcanzar a otros.

Lo que simplemente estoy diciendo es que los miembros de la célula, los líderes de célula, y los pastores deberían hacer todo lo que sea posible por alcanzar a aquellos que no conocen a Jesús. Mi hija es una líder de una célula juvenil, ella me pidió permiso para usar mi carro y manejar hasta cada uno de los miembros de la célula, para repartirles las hamburguesas que utilizarían para evangelizar a los pobres y necesitados de Moreno Valley (Valle Moreno). Compramos hamburguesas de McDonald's y las repartimos entre los indigentes mientras les compartíamos las Buenas Nuevas.

Todos en la camioneta estaban orando y pidiéndole dirección a Dios concerniente a las personas con las que nos reuniríamos, hacia dónde dar vuelta con el carro, y qué decirles a aquellos que recibieran las hamburguesas. Dios abrió todo tipo de puertas, y compartimos de Jesús con muchas personas.

Debido a que las personas son tan diferentes, necesitamos de diversas maneras para alcanzarlos. Algunos vendrán a Cristo de una manera, y otros responderán de una manera diferente. Todas las maneras son importantes para el avance del evangelio. Dios podría mover a los miembros de la célula a orar por los enfermos, a darle de comer al hambriento, o a repartir tratados. Si estamos sembrando la semilla sólo con una o dos personas, nuestra cosecha será escasa. Yo les digo a las personas que prueben todos los medios posibles para evangelizar.

Mito:

Un Grupo Celular Debe Agregar un Cierto Número de Nuevos Cristianos Antes de Poder Multiplicarse

Siempre he estado impresionado con la manera cómo la Iglesia del Evangelio Completo de Yoido (Pastor David Cho) le pide a cada célula que gane a dos personas para Jesús cada año. Aquellos líderes que no alcanzan su meta van a la Montaña de Oración para ayunar y orar para que los corazones incrédulos sean conmovidos. A menudo hago la broma sobre estos líderes que como "medida disciplinaria" son "enviados a la Montaña de Oración". Por lo que entiendo de la iglesia de Cho, a las células se les anima a ganar a dos personas, pero no es una obligación.

Se de otra iglesia en los Estados Unidos, que hizo una regla general para toda la iglesia, la cual dictaba que cada célula debía ganar tres personas para Jesús o la célula no podría multiplicarse. En otras palabras, si la célula ganaba a dos personas para Jesús, no se les permitía dar nacimiento a una nueva célula hasta que uno más recibiera a Jesús.

Este pastor estaba apasionado con el Evangelismo, y era muy efectivo. A menudo les pedía a personas que no eran de la iglesia que pasaran tiempo compartiendo con él, y animaba a la iglesia a tener la misma pasión. Se dio cuenta y con toda razón, que el evangelismo tenía que estar en el centro del ministerio celular, y que no era sabio multiplicar una célula que no estuviera comprometida con el evangelismo.

Este pastor influenció a otras iglesias para hacer una regla similar a la de él. Algunos años atrás hablé en una de estas iglesias. Me repitieron su nueva visión de no multiplicarse a menos que la célula hubiera llevado tres personas a Jesús. Esta iglesia en particular, en su comunidad en particular, tuvo muchas dificultades para ganar almas para Cristo, y los grupos cada vez fueron creciendo más y más. Y se preguntaban qué debían hacer.

Verdad:

Los Miembros de la Célula Deben Evangelizar pero Deben Evitar "Reglas Celulares"

Todos nos regocijamos cuando las personas vienen a Cristo, y sí, las células deben evangelizar. Pero debemos tener cuidado de no hacer reglas legalistas que repriman la creatividad. La elaboración de estas reglas puede parecer como una grandiosa manera de preservar la calidad, Pero las reglas no producen vida. Gálatas 5:1 nos dice, "Estad, pues, firmes en la libertad con que Cristo nos hizo libres, y no estéis otra vez sujetos al yugo de esclavitud".

Sí creo que cada miembro de la célula debe estar activamente involucrado en alcanzar personas antes que la multiplicación ocurra. Sin tal esfuerzo, la célula no está lo suficientemente madura para multiplicarse. Pero creo que no es sabio establecer un número de convertidos en la célula, como condición para la multiplicación.

Yo prefiero hablar acerca de cada miembro ejercitando sus músculos en el evangelismo, en vez de hablar de un cierto número de convertidos necesarios, para que ocurra la multiplicación. Un futuro líder o futuro miembro de un equipo de liderazgo debe tener experiencia en evangelizar activamente. Si el líder llena la célula con personas que ya están en la iglesia, la célula reproducirá una célula que crece sólo hacia dentro. ¿Por qué? Porque el líder y los miembros no han aprendido a ser activos alcanzando almas.

Si creemos que la meta de la célula es hacer discípulos que hagan discípulos, es importante que los discípulos potenciales hayan estado usando sus músculos evangelísticos para alcanzar y ganar nuevas almas. La clave es el evangelismo activo. Una vez más, como muchas otras cosas, las buenas intensiones pueden convertirse en medios de esclavitud. Una regla como esta: "Debes conducir a tres personas a Jesús" puede convertirse rápidamente en una carga, en vez de una bendición, y aún atrasar el proceso de multiplicación.

Mito:

Si la Célula Hace Énfasis en el Evangelismo y en la Multiplicación, Esta no Crecerá en Comunidad

Muchas personas se resisten a la idea del evangelismo y de la multiplicación, porque creen que el desarrollo de la comunidad sufrirá. La suposición es que la comunidad y el evangelismo se mezclan como el aceite y el agua. Después de todo ¿Cómo podría un cristiano compartir algo de manera transparente si en una semana un no-cristiano se presentara, o una persona que no va a la iglesia comenzara a asistir a la célula? ¿No evitaría su presencia que se profundizara en las posibles discusiones? La suposición común es que la comunidad entre los miembros del grupo debe ser el enfoque, y la única manera de verdaderamente crecer dentro de esa comunidad es tener presentes a las mismas personas semana, tras semana.

Verdad:

El Evangelismo que conduce a la Multiplicación Realza la Comunidad dentro del Grupo

La comunidad vuelve a la vida cuando tiene un propósito. Cuando un grupo tiene una visión de alcanzar y penetrar a un mundo perdido para Jesús, las personas se reúnen de manera diferente. Compartir la comunidad que se tiene con el que está solo y aislado mantiene fresco ese sentimiento de comunidad.

Ben Wong, fundador de la Red Misionera de Iglesia Celulares, recientemente me comentó que las células en Shepherd Community Church (Iglesia de la Comunidad del Pastor), ubicada en Hong Kong, no siempre tienen una reunión celular semanal ordinaria en una casa, aunque las células se reúnan semanalmente. En cambio, la reunión celular a menudo se lleva a cabo en las calles, en centros comerciales, o en cualquier lugar dónde puedan alcanzar a aquellos que no conocen a Jesús. La comunidad celular crece mientras los miembros de la célula ministran a otros.

Cuando un grupo mira hacia dentro, este se marchita y se muere. Si el propósito principal es tener fraternidad entre los miembros, entonces se estancará. Cuando el grupo se abre, la comunidad entre los miembros se fortalece.

Mito:

El Evangelismo lo Hace el Líder de la Célula

He visto a muchos líderes de células atribulados, quienes se condenan así mismos por la falta de crecimiento evangelístico en el grupo.

Tal vez el líder asiste a un seminario o lee un libro acerca del evangelismo celular y da por sentado que él o ella tiene que hacerlo realidad. El líder comienza a sentirse como Atlas, la figura mítica que cargaba al mundo sobre sus hombros. La dirección de la célula se convierte más en una tarea, que en un deleite.

Verdad:

Cada Miembro de la Célula Debe Involucrarse en Alcanzar a Otros

El cuerpo de Cristo está compuesto por diversos miembros que componen todo el cuerpo. He mencionado repetidas veces que cada miembro es un ministro (Apocalipsis 1:6).

San Lucas 5: 1-7 habla sobre la historia de Jesús y la gran pesca milagrosa. Los discípulos habían pescado toda la noche y no habían atrapado nada. Pero después de ordenárselos Jesús, ellos echaron sus redes nuevamente. Leemos en los versículos 6 y 7, "Y habiéndolo hecho, encerraron gran cantidad de peces, y su red se rompía. Entonces hicieron señas a los compañeros que estaban en la otra barca, para que viniesen a ayudarles; y vinieron, y llenaron ambas barcas, de tal manera que se hundían". Luego el versículo 10 declara que Simón y sus compañeros Jacobo y Juan estaban atónitos por la pesca.

En la primera referencia a los compañeros de Pedro, se utiliza un término técnico para un compañero de negocios. Pero en el versículo 10, Lucas utiliza una palabra griega diferente para compañeros, una que significa aquellos que tienen koinonia confraternidad. Pedro y sus compañeros trabajaban juntos cargando la enorme pesca. De la misma forma en que trabajarían para pescar hombres, su confraternidad tomaría un nuevo significado. De igual manera en el ministerio celular, el evangelismo es una asociación. La idea de pescar con redes significa que cada persona participa en el evangelismo, y luego al final, la cosecha es halada con el sedal a través de la participación de aquellos que están al cuidado de la redes. La pesca con redes le quita la carga a una persona y la coloca en cada persona. Significa un esfuerzo de grupo y todos están involucrados.

Recientemente estuve en una iglesia en Puerto Rico, que inició en una célula y creció a 24 células en tres años. Entrevisté a un líder tras otro, y descubrí que cada uno de ellos fue invitado a la célula siendo un no-cristiano (y a menudo con ataduras de adicciones), nacieron de nuevo en la célula, fueron alimentados en la célula, y al final discipulados a través del proceso de capacitación de la célula. La belleza de esta iglesia fue que cada persona se veía a sí misma como un ministro que necesitaba pescar almas perdidas. Redes en forma de grupos celulares estaban siendo echadas por toda la ciudad, y estaban trayendo una gran pesca.

Enseñé otro seminario en el estado de Washington, que resaltaba el aspecto de la pesca con redes del ministerio de grupos pequeños, con el claro mensaje que la células son botes en un océano de hombres y mujeres perdidos. Ese domingo hablé con una persona en la iglesia quién años antes había estado a punto de cometer suicidio debido a la frustración y depresión por la vida. En medio de su crisis personal, un miembro de la célula, un antiguo amigo de la secundaria, lo invitó al grupo celular. En vez de suicidarse encontró libertad y vida en Cristo Jesús. Dios usó a un miembro de una célula para alcanzar a esta persona. La célula entera participó discipulándolo. Fue un esfuerzo de equipo. Una persona lo invitó, mientras que otros fueron igualmente efectivos sirviendo y ministrando a esta persona y ayudándole a convertirse en un discípulo de Jesús.

Yo les digo a las personas en mis seminarios, que yo no puedo alcanzar a las personas que ellos sí pueden alcanzar. Dios ha puesto cierto número de personas alrededor de cada uno de nosotros, y nosotros somos los mejores misioneros para esas personas en particular.

Si tú que estas leyendo este libro, eres un líder de célula, rehúsa en asumir toda la responsabilidad. Empodera a otros. Y asegúrate que el evangelismo sea un evento de grupo.

Nueve

LA MULTIPLICACIÓN MITOS Y VERDADES

Estimado pastor Kniesel,

La literatura sobre la iglesia celular habla mucho acerca de la multiplicación. En algunos casos los escritores lo hacen ver como si la multiplicación sucediera automáticamente a un ritmo acelerado. Quisiera escuchar un sincero punto de vista que describa cómo ocurre en realidad la multiplicación. ¿Te importaría compartir el tuyo?

Gracias por compartir tu perspectiva,

Pastor David

Estimado pastor David,

Es natural y deseable que una célula se multiplique. A menudo he escuchado que una célula debe multiplicarse cada nueve o doce meses. Sin embargo no he conocido una iglesia donde esto sea el caso continuamente. De hecho, la observación y la experiencia me han llevado a comprender que si una célula se multiplica de cada dos a cuatro años, en promedio, ¡A esta célula le está yendo bien!

Muchos miembros y líderes de célula han sido puestos bajo presión extrema para producir algo que sólo puede ser alcanzado a través del crecimiento y el desarrollo. Esto no puede forzarse a través de una tabla predeterminada.

¿Cuáles son los factores involucrados en la multiplicación de una célula? El primer asunto importante es la rigurosa preparación y capacitación de los primeros y subsecuentes líderes. Es muy común capacitar a un líder de célula haciéndolo asistir a clases de liderazgo. Pero la capacitación más importante no proviene de las cátedras sobre cómo se debe manejar una célula, sino las que formarán el carácter del futuro líder. Esto no se logra a través de las cátedras, sino a través del diario vivir y observando a un líder maduro por un largo período de tiempo. El objetivo o la visión de la célula no es sólo la multiplicación concerniente a los números, sino una multiplicación en cuanto al estilo de vida (vivir en el Espíritu) y en el ministerio (trabajando en el servicio).

Su posterior multiplicación dependerá del evangelismo en la célula, y en la iglesia. Donde yo vivo, en Europa, hay mucha limitación en la aceptación del mensaje del Evangelio. Sin embargo, vemos a personas venir a Cristo a un ritmo continuo, sólo que los números no son tan altos como en muchos otros países. Nosotros necesitamos más tiempo para orar y llegar a las personas, y ganarnos su confianza antes que quieran escuchar el Evangelio.

La multiplicación también depende de si el miembro de célula, por individual está en un saludable proceso de discipulado. Claro, esto en realidad nunca termina, pero debe haber un fundamento sólido de crecimiento en el creyente.

Mientras la célula esté funcionando, el líder de la célula está en búsqueda de un futuro líder. Nunca es demasiado temprano para empezar a preparar a un futuro líder de célula. No esperes hasta que tengas que multiplicarte. Cuando sientas que tu célula en crecimiento deba multiplicarse, solamente lo deberás hacer si ya tienes listo a un líder preparado. Habla con tu pastor para tener su respaldo, establece una fecha, y luego habla con los miembros de la célula. Asegúrate que cada miembro esté consciente que la multiplicación en realidad fortalecerá a la célula. La multiplicación es un motivo de celebración.

Sí, ten la visión de multiplicación. Ora y trabaja por alcanzarla. Anima a la célula a hacer lo mismo. ¡No sientas que estás fracasando porque no te has multiplicado en doce meses! ¡A medida que mantengas viva la visión, alcanzarás la multiplicación!

Que El Espíritu Santo te revista de su poder,

Werner Kniesel,
pastor principal emérito de la iglesia celular estratégica en Zúrich, Suiza y autor de varios libros.

Mito

Todas las Células Deben Multiplicarse en Seis Meses

A inicios del movimiento de la iglesia celular (1990) se hicieron grandiosos anuncios concernientes a la multiplicación del grupo celular. Algunos declaraban que todas las células debían multiplicarse después de cierto período de tiempo.

Y ciertamente, en algunos países y culturas, las células se estaban multiplicando a un ritmo muy rápido. En mi estudio de las iglesias celulares de 1996 (tabla siguiente), descubrí que sólo tomaba cuatro meses la multiplicación de una célula en la Misión Carismática Internacional en Bogotá, Colombia.

Tiempo Promedio Para Multiplicar Grupo Celular El En Cada Pais		
	Colombia	18 semanas
	El Salvador	22 semanas
	Ecuador	24 semanas
	Perú	28 semanas
	Honduras	39 semanas
Tiempo Promedio Para Multiplicar Una Célula: 26 semanas (6 meses)		

Dios trajo el avivamiento a Colombia, y las iglesias estaban creciendo a un ritmo asombroso. Podemos regocijarnos en tan rápido crecimiento, pero mucho depende de la receptividad del país. Por ejemplo los períodos de tiempo en que se da la multiplicación en Turquía o en España serán mucho más lentos. En tales países el grupo primero necesita evangelizar, convertir a las personas, y discipularlas. Y se necesitaría que alguien dirigiera el nuevo grupo. ¿Existe un período de tiempo establecido para que las células se multipliquen?

Verdad:

El Ritmo de Multiplicación Dependerá de los Niveles de Receptividad.

Raymond Ebbett Raymond Ebbett fue misionero de la Alianza Misionera y Cristiana, por muchos años, en Colombia, donde él atestiguo un rápido crecimiento. Posteriormente Raymond y su esposa se mudaron a España, donde encontró personas resistentes al evangelio y donde el crecimiento de la iglesia era muy lento.

Ambos países hablaban español y ambas culturas tenían rasgos similares. No obstante, la receptividad de las personas era tan diferente como lo es el día de la noche. Las personas en España se tomaban mucho tiempo para recibir a Cristo, pasar por la capacitación, y aún más en convertirse en líderes de célula.

Raymond aprendió mucho sobre la tierra, y su importancia a la hora de segar la cosecha de células. Él sabía de primera mano que la tierra era un factor vital en la cosecha. Alguna tierra es dura y rocosa, y requiere de mayor arado antes que el crecimiento se pueda presentar. Otra tierra ya ha sido labrada y regada. Y está lista para producir crecimiento.

Raymond entiende que en España las células no crecen ni se multiplican en seis meses. El entiende que tal pronunciamiento solamente desalentaría a un líder de célula y produciría que él o ella renunciara en su desesperación.

Una de mis iglesias celulares favorita es pastoreada por Werner Kniesel en Suiza (vea la introducción a este capítulo). La iglesia de Werner tiene doscientos cincuenta células aproximadamente, y está teniendo un impacto a nivel mundial. Nunca olvidaré una de las conversaciones que sostuve con Werner mientras realizaba un seminario en su iglesia. Me dijo que había escuchado todas las grandes proclamaciones que se habían hecho sobre un solo ritmo de multiplicación celular a nivel mundial. Sin embargo también conocía la diferencia entre Suiza y otras culturas.

Algunos países están experimentando un avivamiento y multitudes están llegando a conocer a Jesucristo. En estos países, las células fácilmente recogen la cosecha, capacitan a nuevos líderes, y se multiplican rápidamente, quizás en seis meses. Otros lugares son duros y difíciles. Toma mucho tiempo ver conversiones, y aún mucho más preparar nuevos líderes. Las tasas de multiplicación dependen de corazones preparados.

El ministerio celular puede ser muy difícil en muchos lugares alrededor del mundo. Pocos vienen a Jesús. El ministerio es duro. Proclamar que las células deben multiplicarse en un determinado período de tiempo probablemente dificultará el proceso natural del ministerio celular.

La iglesia en las filipinas está experimentando un avivamiento y un crecimiento a una escala sin precedentes. Escucho reportes entusiastas acerca de la rápida multiplicación que se lleva a cabo en ese país. Las iglesias están llenas y rebosantes. Las células se están multiplicando rápidamente. Las personas se están entregando al servicio de Dios y están multiplicando células a un paso acelerado. Pero esta es una excepción. En la mayoría de lugares alrededor del mundo, el crecimiento es mucho más lento. Sería fácil para un pastor ministrando en las Filipinas, esperar que la multiplicación se lleve a cabo en la misma escala en todas partes del mundo.

Los Estados Unidos se encuentran en este momento en una era post-cristiana, y la receptividad es mucho más baja. Jeff Tunnell, pastor principal del Big Bear Christian Center (Centro Cristiano Gran Oso), en California, escribe lo siguiente:

En nuestro caminar en la construcción de las células y su multiplicación, hemos caído en la trampa de adoptar las reglas de otro para cerrar las células que no se multiplican dentro de un determinado período de tiempo. Escuchar comentarios como el siguiente: un bebé puede nacer a los nueve meses por lo que seguramente nosotros podemos multiplicar una célula en esa misma cantidad de tiempo, parecía tener sentido en ese momento. Pero cuando esa aseveración se confronta con un líder sincero y saludable que ha estado pastoreando a personas que se mudan, o que tienen horarios basados en la economía, con múltiples trabajos que no encajan dentro del horario de la reunión de la célula; ¡Resulta difícil cerrar la célula en base a la no-multiplicación!

La frecuencia con la que se multiplica la célula debe depender de su salud, de su líder, y de su capacidad para llevar a cabo la multiplicación. Deben existir muchos otros buenos factores, más allá de un simple límite de tiempo, tales como lo son los límites establecidos de madurez, supervisores disponibles, sistemas de soporte bien establecidos, rendir cuentas al liderazgo, y nuevas almas ganadas para Cristo. El tiempo sólo, no ha sido un buen punto de referencia para la multiplicación de las células. Estoy de acuerdo con la siguiente posición: si una célula no se ha multiplicado en cierto límite de tiempo debemos examinar el por qué, dedicar tiempo buscando la dirección de Dios para corregir las debilidades que pudieran existir, y reagruparnos para la próxima temporada. Mantengamos las células abiertas y funcionando por las razones correctas.[14]

Aplaudo lo que nos cita Jeff acá y estoy de acuerdo con él de todo corazón. Hay un tiempo y una estación en la que tendrá lugar la multiplicación, pero lo mejor es no imponer reglas que sean imposibles.

Mito:

Cierre el Grupo Celular Que en un Año No se haya Multiplicado

Faith Community Baptist Church (La iglesia Bautista Comunitaria de Fe), en Singapur, popularizó este enfoque allá por los 90´s. Ellos insistían que si una célula no se multiplicaba en un año, esta no era saludable y por lo tanto no debía continuar.

Siguiendo la filosofía, un pastor escribió, "Todo lo que tiene vida tiene un ciclo. Al estudiar la célula vemos que esta debe dar vida. Si tú mantienes una célula [abierta] que no se está multiplicando, esta morirá. La opción es la vida y la muerte." Este pastor en particular, le daba a sus células un año para multiplicarse. Si no se multiplicaba en ese período de tiempo, la iglesia debía cerrar esa célula.

Verdad:

Continúe Trabajando con los Grupos Celulares que No Están Creciendo

Yo no creo en el cierre de las células que hayan fracasado en multiplicarse. Ya es lo suficientemente difícil para alguien multiplicar una célula sin añadirle la carga del "posible fracaso". Mientras que algunas células pueden manejar este tipo de presión, la mayoría se desanimará ante tales demandas.

El líder del grupo celular ya se siente dolido y apenado cuando ninguno de sus invitados al grupo se presenta.

Demandarle que la célula se multiplique o sino, que se cierre, es el golpe final.

Ciertamente considero que el cierre de una célula es valido cuando la célula no está funcionando bien. He estado involucrado personalmente en el cierre de células a causa del pecado. En un caso, el líder tuvo una relación ilícita y no se arrepintió. Tuvimos que remover del liderazgo a esta persona y capacitar a otra que dirigiera la célula.

Aún en el cuerpo humano, las células malas que se dividen pueden matar todo el cuerpo. Un líder puede caer en pornografía, alcoholismo, o falsa doctrina. Los líderes de más alto nivel deben intervenir y remplazar al líder o cerrar el grupo. Pero tales decisiones deben permanecer dentro de los círculos superiores del liderazgo celular.

Mientras que el cierre puede ser necesario en algunos momentos, no debe ser la norma. Y definitivamente ninguna célula debe cerrarse antes que todas las vías posibles por multiplicar el grupo se hayan agotado.

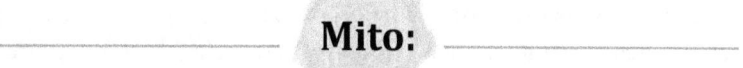

Mito:

Una Célula se Multiplica Cuando Llega a Quince Personas

Este mito se desarrolló durante los primeros años de la multiplicación celular. David Cho, el padre del movimiento celular de los tiempos modernos, enseñó que un grupo debía crecer a quince personas, y luego la mitad debía iniciar un nuevo grupo. La mayoría de las personas supuso que esta era la única manera de multiplicar un grupo. Cho lo hizo de esta manera, así que todos los demás lo deben hacer igual.

Bajo este enfoque, el líder de la célula siempre estaba buscando un número de personas para que se unieran al grupo a fin de multiplicarlo. Cuando ese número en particular llegaba, era hora de multiplicarse. Si la célula no crecía a ese punto, la multiplicación se ponía en espera.

Verdad:

Las Células se Multiplican Cuando un Hacedor de Discípulos Está Listo para Guiar al Nuevo Grupo

Las nuevas células necesitan nuevos líderes. No es el número del grupo el que determina la multiplicación; sino la preparación del nuevo liderazgo. Esperar demasiado tiempo puede estancar o entorpecer el proceso, así como lanzarlo demasiado pronto puede hacer lo mismo. En vez de enfocarse en el desarrollo del liderazgo, el viejo paradigma de multiplicarse al llegar a los quince se convirtió en una temida meta.

Hace mucho tiempo yo operaba bajo la mentalidad de la multiplicación automática cuando el grupo llegaba a los quince miembros. Traté de convencer a los grupos bajo mi cuidado que era para su propio bien que se multiplicaban al llegar a las quince personas.

Un problema constante era tratar de descifrar cuándo el grupo verdaderamente llegaba a los quince. Algunas semanas el grupo podía tener quince, pero otras semanas, llegaban ocho o menos. También me percaté que mientras el grupo se acercaba a la mágica cifra de quince, algunas familias se retiraban inevitablemente. Ellos simplemente no querían atravesar por el dolor de tener que decir adiós.

A lo largo de los años, las iglesias celulares han aprendido que enfocarse en cierto número dentro del grupo, no es tan importante como preparar al nuevo líder que dirigirá el próximo grupo. Un liderazgo capacitado es la clave detrás del ministerio celular. Se produce una nueva visión para la multiplicación cuando los líderes son capacitados y enviados.

Mientras el líder potencial se encuentra atravesando por el proceso de la ruta de capacitación, él o ella además están involucrados en dirigir ciertas partes de la célula (por ejemplo, la adoración, la oración, como rompe hielo, difundiendo la visión).

Por lo tanto, el desarrollo de una ruta de capacitación que honre a Dios, es una de las metas más importantes en la iglesia celular. Las iglesias deben desarrollar fuertes rutas de capacitación que produzcan nuevos líderes. Sin capacitación, las células no tienen una manera de seguir adelante.

Un miembro de la célula, no capacitado, se sentirá incómodo de convertirse en el siguiente líder. Mientras que, un miembro capacitado entenderá los principios detrás de la multiplicación y sabrá como conducir al próximo grupo. Gran parte del miedo disminuirá después que el líder potencial haya pasado por la capacitación.

Un pastor me cuestionó recientemente sobre la importancia de la ruta de capacitación. ¿Es realmente necesaria? A él le sonaba como algo tan programático. Le compartí que la ruta de capacitación era necesaria porque nadie que no se sintiera capacitado dirigiría un grupo celular. Los nuevos líderes de célula enfrentarán el fuego del enemigo. Ellos necesitarán echar mano de la capacitación que recibieron en el grupo celular madre, y a través del proceso de equipamiento.

Aquellos soldados que regresaron vivos de la II Guerra Mundial, comentaban una y otra vez acerca de cómo el campamento militar los había preparado para los horrores por venir. En medio de la batalla, los soldados respondían subconscientemente a lo que habían sido enseñados en su entrenamiento. Ellos habían repetido los ejercicios tantas veces en los entrenamientos, que rápidamente respondían al enfrentarse al enemigo. A menudo el campamento militar hacía la diferencia entre la vida y la muerte.

El campamento militar para el nuevo líder es la ruta de capacitación y la experiencia práctica ganada en el grupo celular. Ambas son esenciales para preparar a nuevos líderes de células.

Así que la meta para cada iglesia celular y grupo celular es preparar una ruta de capacitación, y luego hacer que las personas pasen por ella. En mi libro *Explosión de Liderazgo*, entro en detalle explicando lo que son las rutas de capacitación y cómo hacerlas funcionar en la iglesia celular. La multiplicación celular consiste en desarrollar discípulos que formen otros discípulos.

Mito:

Cuando Dios Quiera que la Célula se Multiplique, se Multiplicará Naturalmente

Como equipo pastoral en Ecuador, determinábamos nuestras metas celulares anuales en base a las de la ruta de capacitación, y cada uno de los pastores de la red era responsable por una parte de la meta anual.

Al acercarnos al momento de reportar esas metas, a una de las redes celulares de un pastor no le estaba yendo muy bien. Nosotros tratamos de animarle, pero el hizo el siguiente comentario, "Cuando Dios quiera multiplicar mis células Él lo hará"

Él se lo estaba dejando todo a Dios y quitándose de encima la responsabilidad. Y sí, en un sentido, sólo Dios puede hacerlo. Sin embargo, ¿En qué punto tal consigna se convierte en excusas detrás de las cuales ocultarse?

Verdad:

Lo Mejor es Hacer Planes Claros para la Multiplicación

Este pastor pudo haber dicho, "Necesito bajar mis metas", o "Estoy teniendo más problemas de los que me imaginé", y nosotros lo hubiéramos entendido. No obstante, al decir, "Dios multiplicará las células cuándo Él quiera", él estaba haciendo una declaración espiritual (estaba jugando la carta de Dios) que nadie podía debatir. Era como si él estuviera diciendo, "Si tú tienes algún problema con lo que está sucediendo en mi red, tienes que ir con Dios porque Él está en control de lo que está sucediendo". Fin de la discusión.

Dios está interesado en la multiplicación, Él ya nos dijo que hiciéramos discípulos de todas las naciones. Pero ciertamente, no podemos manipular a Dios. No podemos decirle cuándo hacer algo, o cómo hacerlo. Sus caminos son misteriosos. Sin embargo, a Él le glorifica que hagamos planes claros que cumplan con lo que está claramente declarado en la Escritura.

Una madre embarazada sabe cuándo dará a luz. Ella tiene nueve meses, antes que aparezca el bebé, esté lista o no. Las mamás sabias se prepararán para el nuevo nacimiento, alistarán la cuna, comprarán nueva ropa para bebé, y obtendrán el cuidado médico apropiado. Los líderes de célula fructíferos siguen el mismo patrón.

Ellos ven en la célula un vientre dónde producir nuevos discípulos que hagan otros discípulos. Ellos están en búsqueda de miembros de célula **RÁPIDOS** (acróstico para la palabra inglesa **FAST** que significa **F**aithful: fieles; **A**vailable: disponibles; **S**ervant-hearted: con corazón de siervo; y **T**eachable: enseñables). Luego buscan involucrarlos en la célula, y luego asegurarse que esos miembros reciban la capacitación de la iglesia. En otras palabras, ellos no sólo están a la espera de que ocurra la multiplicación. Ellos la planean. Proverbios 21: 5 dice, "Los pensamientos del diligente ciertamente tienden a la abundancia;

Mas todo el que se apresura alocadamente, de cierto va a la pobreza". La planeación clara es importante. Dios quiere que planeemos y luego nos preparemos para la multiplicación. Si no hay nadie en la ruta de capacitación, la primera meta es llevarlos allí. Las futuras metas de multiplicación estarán basadas en la preparación a través de la célula y la graduación de la ruta de capacitación.

Mito:

La Multiplicación Destruye las Relaciones dentro del Grupo

Los grupos celulares pueden resistirse a la multiplicación por el temor a perder las relaciones que se tienen dentro del grupo.

La palabra *división* se asocia a menudo con la de multiplicación celular. Muchos sienten que la multiplicación interrumpe las relaciones, y esto lo quieren evitar a toda costa. ¿Hay algo que se pueda hace para mantener las relaciones entre las células multiplicadas?

Verdad:

Se Pueden Mantener Las Relaciones Después de una Multiplicación

La célula madre y la célula hija deberían planear tiempo de esparcimiento para renovar las relaciones. El líder de la célula madre o su supervisor, pueden ayudar a conectar a individuos que estén en los dos grupos. Además la mayoría de iglesias celulares tienen eventos semanales de celebración. Durante los servicios de celebración los miembros de la célula tienen la oportunidad de conectarse nuevamente, para mantener las relaciones cercanas.

Una iglesia celular en Honduras les pidió a las células madre e hija que se reunieran después de los primeros meses posteriores a la multiplicación. La célula madre e hija decidirían posteriormente cuan a menudo se querrían reunir.

Existe una mayor oportunidad de mantener lazos cercanos cuando el líder de la célula madre supervisa al líder de la célula hija. Los líderes de las células madres se convierten en grandes supervisores. Ellos conocen a su bebé. Ellos comprenden al nuevo líder y las luchas que él o ella tienen. Los líderes multiplicadores también tienen un interés personal por el éxito del nuevo grupo.

Por lo tanto, de manera ideal, es mejor que el líder de la célula madre supervise a la nueva célula. Solía enseñar que el líder de la célula madre era siempre el que supervisaba la célula hija, pero ahora solamente sugiero esta relación. Me doy cuenta que no siempre es posible conectar al líder de la célula madre con el líder de la célula hija (a menudo por la falta de tiempo).

Prefiero tener un líder que no sea el de la célula madre, pero que sea fiel, esté disponible, tenga un corazón de siervo, y sea enseñable, que tener al líder de la célula madre supervisando a la nueva célula sin poder comprometerse con el tiempo necesario para ver crecer y prosperar a la célula hija.

Aunque la nueva célula hija sea asignada a otro supervisor, hay muchas ocasiones y lugares dónde la célula madre e hija pueden interactuar.

Diez

LA SUPERVISIÓN MITOS Y VERDADES

Estimado Dr. Egli,

Existen muchas opiniones acerca de la supervisión. Algunos la ven como algo central, pero otros no hacen énfasis en ella porque pareciera que no la pueden hacer funcionar. Me gustaría saber lo que su investigación y experiencia revelan acerca de la supervisión, y su importancia para la vida del grupo.

Gracias por su tiempo,
Pastor Roberto

Estimado pastor Roberto,

A finales de los años 90, yo era un frustrado consultor de grupos celulares que se encontraba confundido por no entender por qué tantas iglesias celulares fracasaban en tener éxito a largo plazo con los grupos pequeños. Quería saber por qué algunas iglesias tenían un maravilloso éxito con los grupos pequeños, mientras que otras luchaban.

Comencé a analizar estadísticamente las diferencias entre los sistemas de grupos pequeños en crecimiento y saludables; y entre los que estaban estancados y luchando. Descubrí que Dwight Marable de Misiones Internacional, estaba conduciendo un estudio casi idéntico. Dwight y yo unimos esfuerzos para descubrir a través de investigaciones extensivas y cuidadosas cómo las iglesias podían tener sistemas de grupos pequeños prósperos. Hasta la fecha para contestar nuestras preguntas, hemos encuestado a más de 3,000 líderes de grupos pequeños en más de 200 iglesias.

Nuestra investigación reveló que existe un factor que importa más que ningún otro. El factor más crucial para el éxito a largo plazo en el ministerio de grupos pequeños es la supervisión proactiva de los líderes de los grupos pequeños.

¿Qué queremos decir con esto? La supervisión proactiva significa que los líderes de grupos pequeños tienen a alguien que los está animando, apoyando y ayudándoles a solucionar sus problemas.

La pregunta no es, ¿Tiene supervisores tu sistema de grupos pequeños? Casi todas las iglesias tienen algún tipo de supervisores asignados para inspeccionar a sus líderes de grupos pequeños. La verdadera pregunta es "¿Están las personas asignadas a inspeccionar tus grupos pequeños supervisando activamente a sus líderes?"

Nuestra investigación reveló cuatro acciones que ponen en práctica los supervisores proactivos:

1. Se reúnen personalmente con sus líderes para animarlos y ayudarlos a crecer como líderes.
2. Oran consistentemente por ellos.
3. Ocasionalmente visitan a sus grupos pequeños.
4. Reúnen a sus líderes para que puedan aprender los unos de los otros, y ministrarse los unos a los otros.

Las iglesias con una supervisión fuerte llevada a cabo a través de estos cuatro comportamientos tienen sistemas de grupos pequeños más fuertes. Sus líderes y grupos son más saludables, y sus grupos ven a más personas venir a Cristo, más personas se unen a sus grupos, y hay más nuevos grupos emergiendo.

De las 100 preguntas de nuestra encuesta para líderes, una pregunta (#94) mostró la más importante correlación con el crecimiento de los grupos pequeños. La pregunta era: "¿Un supervisor o un pastor se reúne conmigo personalmente para animarme como líder?". Los líderes de grupos pequeños podían responder utilizando una escala de cinco puntos, indicando: pocas veces, muy pocas veces, algunas veces, a menudo, muy a menudo. Si los líderes respondían a menudo ó muy a menudo, sus grupos pequeños tendían a ser más saludables y de más rápido crecimiento.

La creación de un sistema de supervisión fuerte lleva tiempo. Para muchas iglesias significa la creación de una nueva cultura de tutoría de relaciones mutuas en sus iglesias. Esto es factible, pero requiere de persistencia hacerlo que trabaje bien. Tienes que reclutar y capacitar a tus supervisores, y luego inspeccionarlos de una manera en la que consistentemente los estés apoyando, animando, y activamente supervisando.

Jim Egli, Pastor de Liderazgo de la iglesia Vineyard (Viñedo), en Urbana, Illinois, autor del libro Small Groups, Big Impact
(Grupos Pequeños, Gran Impacto).

Mito:

Encontrar el Modelo de Supervisión Correcto Es la Clave del Éxito

En algún lugar del camino, la supervisión se convirtió en otra manera de describir modelos celulares enteros. He notado que algunas personas cuando se refieren a algún modelo en particular en realidad están hablando de una estructura de supervisión. Algunos podrían decir, "Yo sigo el Modelo del Dr. Cho". Lo que en realidad están diciendo es que han organizado su supervisión celular o sistema de supervisión de acuerdo a la geografía, como lo hace David Cho.

Cuando las personas dicen, "Yo sigo el modelo G12", lo que quieren decir generalmente es que han decido organizar su supervisión en grupos de doce utilizando redes homogéneas. Cada líder de célula estaría en un grupo de supervisión de uno a doce líderes de células en categorías específicas tales como, de hombre, de mujeres, de jóvenes.

Dado que las personas han conectado el crecimiento de la iglesia con estas estructuras de supervisión, es fácil suponer que la estructura de supervisión en sí hará que el crecimiento de la iglesia ocurra. ¿Puede una estructura de supervisión traer el crecimiento?

Verdad:

La Relación entre el Supervisor y el Supervisado es Más Importante Que la Estructura

Lo que hace efectiva a la supervisión tiene poco que ver en realidad con las estructuras de supervisión, y tiene todo que ver con la relación entre supervisor y supervisado. Yo le llamo a esta relación "El contenido de la supervisión".

He escrito varios libros sobre estructuras de supervisión, pero el libro de supervisión más importante que he escrito se titula How to Be a Great Cell Group Coach15 (Cómo Ser un Gran Supervisor de Grupo Celular). En ese libro hablo de cómo un supervisor necesita ser un buen guerrero de oración, una persona que escucha, que anima, que desarrolla, un estratega, y un confrontador. Estas son las características que construyen o destruyen la supervisión, no su estructura.

Una estructura de supervisión puede dictar que Harry y Joe se reúnan en cierto momento cada semana, o que Harry supervise a cinco líderes de célula. Sin embargo, el contenido de la supervisión es que Harry se preocupa por Joe y le ministra.

La estructura de la supervisión debe ser tan simple como lo sea posible. Si un plantador de iglesias inicia una iglesia celular, el plantador de iglesias supervisará a todos los nuevos líderes. Cuando ya hay diez líderes de célula, es tiempo de capacitar a dos supervisores para que ayuden con la carga de la supervisión. La estructura de la supervisión también se expandirá al incrementarse las células y al crecer la iglesia.

Mito:

Los Supervisores Sólo Escuchan y Hacen Preguntas

La mayoría de literatura de supervisión destaca el rol del supervisor como el que sólo le traslada información al supervisado. El supervisor está llamado a escuchar, hacer preguntas, y guiar a la supervisada o al supervisado a tomar sus propias decisiones. Esto está bien y es lo correcto. El supervisor debe colocar al supervisado en el asiento del conductor. El supervisor no es la autoridad o el consultor. Si bien es cierto que escuchar y hacer preguntas es esencial para la supervisión efectiva, ¿Sería posible limitar la supervisión al enfocarla solamente a estas verdades?

Verdad:

El Supervisor Busca Equipar al Líder de la Célula con lo que Sea Necesario

En los últimos diez años, el principio más importante que he aprendido acerca de la supervisión es lo que yo llamo "tirar el libro de reglas", o poniéndolo de una manera más positiva, "utilizando toda la caja de herramientas".

Algunas veces he tenido que confrontar o desafiar a algún supervisado. Otras veces, he tenido que escuchar las preocupaciones del supervisado acerca de la iglesia celular, del ministerio en general, o de sus luchas personales. Ha habido ocasiones en que le he tenido que decir al supervisado que regrese y vuelva a leer un libro que tiene las respuestas a las preocupaciones que ella o el tienen. He aprendido a crear diferentes enfoques a medida que surgen nuevas circunstancias.

Me he dado cuenta que debo poner todo mi ser sobre la mesa cuando estoy supervisando. No sólo me estoy enfocando en un solo aspecto de mi vida sino en el espectro entero (por ejemplo, la personalidad, la educación, mi experiencia con las células, y mi conocimiento). Utilizo cualquier cosa de la que pueda echar mano. No solamente estoy sacando mis power points, mis apuntes sobre las células, o mis reglas de supervisión. Estoy entregando todo mi ser.

Mi meta es servirle al líder, y por esa razón coloco su agenda como la prioridad principal. Sé que esto también es así cuando se entrena un deporte como el tenis. La ESPN, escribió sobre el entrenamiento de estrellas del tenis, como Federer, diciendo:

> Hoy en día en el juego, la mayoría de jugadores—tanto las estrellas principales como los oficiales—ganan mucho prestigio al tener un dedicado entrenador a tiempo completo como un apéndice. El rol de un entrenador puede variar desde ser un experto en tácticas y estrategias, hasta ser psicólogo, agente de viajes, niñera, padre sustituto, mejor amigo, y a menudo se compone de todas esas facetas juntas. [16]

La frase *"todas esas facetas"* es fundamental. No existe una sola manera de hacer la supervisión. La mejor supervisión comprende todas esas facetas. Por ejemplo, yo paso mucho tiempo orando, escuchando, y esperando en Dios antes de supervisar. Yo traigo mi vida espiritual a la relación.

También traigo mi propio carácter y mis habilidades para relacionarme. En la supervisión saldrá a la luz la forma en que me relaciono con las personas. También hago lo necesario para ser el amigo del supervisado.

Algunas veces, lo más importante puede ser sólo tener una conversación alegre, reírnos, o sólo divertirnos.

Mientras estoy supervisando, me identifico con lo que me ha funcionado, y con lo que no me ha funcionado, pero también comparto lo que sé que otros han hecho, libros que he leído que se aplican al problema, e información en línea que a menudo provee más ayuda de la que he probado o experimentado personalmente. A menudo una ilustración saltará a la vista, y esta la comparto con la persona que estoy supervisando.

Creo que el supervisor defrauda al supervisado al limitar los roles de supervisión. Algunos supervisados simplemente necesitan conocimiento. Ellos necesitan que se les enseñe a dirigir un grupo celular. En otras ocasiones, el supervisado necesita compartir sobre sus luchas en el trabajo o con su familia.

La supervisión inspirada por Dios consiste en la servidumbre. Consiste sólo en servir al supervisado y hacer de ella o de él alguien exitoso. El supervisor hace lo que sea por bendecir al supervisado. ¿Es un oído atento lo que necesita? El supervisor está listo. ¿Es una consulta? El supervisor se la dará. ¿Es una enseñanza? El supervisor está dispuesto.

Once
LA TRANSICIÓN MITOS Y VERDADES

Estimado Sr. Boren

A mi parecer, la manera en que una iglesia hace su transición de iglesia tradicional a iglesia celular es un decisivo movimiento estratégico. No obstante parece que muchas iglesias sólo se abalanzan a la estrategia del grupo celular sin pensar en realidad en el proceso de transición. ¿Me podría ayudar a comprender lo que sucede en medio de la transición de una iglesia?

Sinceramente,

Pastor Javier

Estimado pastor Javier,

Desearía poder darles a los pastores un chip de computadora que los hiciera automáticamente repensar sus suposiciones y expectaciones sobre cómo hacer la transición de sus iglesias. Muchos en estos días están tomando el enfoque de las franquicias para implementar los grupos celulares. Ellos compran el modelo preempacado, y luego implementan el modelo de a cuerdo a las instrucciones del concesionario. Pero, cuando tú haces eso se supone que el cambio en su naturaleza es táctico. En otras palabras se supone que la iglesia puede cambiar, si reajustas las estructuras y procedimientos de operación.

Sin embargo, este enfoque casi nunca nos conduce a los resultados que queremos. Falla con el manejo del cambio de "adaptación" o cambio "profundo". Este tipo de cambio tiene que lidiar con los hábitos, los valores de la iglesia y las suposiciones culturales que están entretejidas en la estructura misma de cómo un grupo de personas opera— las cosas que las personas hacen aun cuando no se están dando cuenta.

Cuando los líderes fallan en entender la diferencia entre cambio táctico (externo) y cambio de adaptación (interno), podrán cambiar la estructura pero fallarán en dirigir a las personas hacia una manera diferente de ser pueblo de Dios. Muchas iglesias han iniciado grupos celulares, pero en la realidad, todo lo que hicieron fue cambiar sus clases de escuela dominical a una casa y llamarles células. Podrían tener la estructura de grupo celular correcta, pero fallaron en ver la necesidad de tener una vida de iglesia celular.

Aquí están algunos principios que podrían ayudarte mientras tú guías a otros hacia la visión de la iglesia celular:

1. *Reduce la velocidad. Siempre es más fácil meter el acelerador que frenar.*
2. *Empieza poco a poco. Encuentra a algunas personas innovadoras que quieran experimentar con la vida de los grupos celulares, y ayúdales a hacerlo. Se su mentor. Aprende con ellos a vivir la vida de los grupos celulares. Luego permite que esa vida infecte a otros mientras inicias nuevos grupos.*
3. *No fuerces a las personas a que lo entiendan a la primera. No todos abrazarán la idea de los grupos celulares al mismo ritmo. Algunos la aceptarán rápidamente. Otros se reclinarán en sus asientos y observarán. Otros se resistirán. Esto es normal. Evita juzgar a las personas. Solamente enfoca tu energía en aquellos que ya están listos para la vida de grupo, y permíteles a otros ver la realidad de esta nueva vida. Si tienes paciencia ya llegarán.*
4. *Quédate quieto. Tomará unos cuantos años antes que esto engrane dentro de la fibra misma de la vida de la iglesia. Si no tienes planes de quedarte en tu iglesia por más de cuatro años, entonces sí tienes que pensar, si verdaderamente es una sabia opción hacer la transición de tu iglesia a células.*

5. Ora. Construye grupos celulares sobre el fundamento de la oración. La práctica de la oración intensa es algo común para toda iglesia celular exitosa. Tú puedes hacer muchas cosas mal durante tu transición. Pero no permitas que la falta de oración sea una de ellas.

Espero que estos principios te ayuden mientras avanzas. Muchas bendiciones en tu viaje.

Scott Boren,
autor de varios libros y director del Center for Community and Mission (Centro para la Comunidad y la Misión), www.mscottboren.com

Mito:

Deshazte de los Programas de Inmediato

Recibo muchas preguntas durante mis seminarios acerca del lugar que ocupan los programas o los ministerios en la iglesia celular. La mayoría de iglesias que quieren hacer la transición están inundadas de programas y quieren saber que hacer con ellos. Algunos pastores se emocionan tanto por la iglesia celular que inmediatamente se quieren deshacer de todos sus programas y ministerios. Otros no están tan seguros sobre esto, pues saben que esos programas están satisfaciendo necesidades importantes en la iglesia. ¿Qué deben hacer ellos?

Verdad:

Para Recortar Programas Espera Hasta Tener Suficientes Células

Yo les aconsejo a los pastores que no eliminen ningún programa durante las primeras etapas de la transición a células. Después de todo, los programas existentes satisfacen necesidades importantes. Las personas encuentran confraternidad en esos programas, así como la posibilidad de ejercitar sus músculos espirituales. Más sin embargo, cuando las células comiencen a echar raíces, ya no habrá la misma necesidad de tener esos programas.

Por ejemplo, cuando las células empiecen a evangelizar, la iglesia ya no necesitará un programa de evangelismo. No obstante, sólo cuando las células ya estén presentes y evangelizando podrá la iglesia suprimir el programa de evangelismo. Lo mismo se aplica con el discipulado. Muchos programas apoyan el discipulado en la iglesia. Sin embargo, cuando las células ya están cuidando de los líderes, y discipulando a los miembros a través de la ruta de capacitación, ya no existe la misma necesidad por un programa de discipulado.

Lo que sí hago, es aconsejar a los pastores a no añadir más programas una vez que empiezan su viaje por las células. Los miembros de la célula necesitan tiempo para concentrarse en realizar la capacitación, en conocer a nuevos no-cristianos, y ministrar a aquellos en el grupo celular. Si la iglesia empieza a agregar programas y ministerios adicionales, el énfasis en la célula se diluirá y las personas no tendrán el tiempo para darle al ministerio celular la atención necesaria.

Mito:

Lánzate a la Iglesia Celular Inmediatamente

La estrategia de la iglesia celular tiene tantos beneficios. A través de las células, una iglesia puede pastorear a toda la congragación. La iglesia celular también tiene sentido desde una perspectiva bíblica, porque le ayuda a los miembros a crecer en sus relaciones interpersonales y en la responsabilidad. Luego también, está el factor doctrinal. La mayoría de iglesias celulares entrelazan las enseñanzas del pastor con la lección de la célula. La mayoría de pastores se sienten encantados de que la congragación aplique el sermón del domingo.

Debido a que hay tantos beneficios, es común que un pastor regrese de un seminario de células y anuncie inmediatamente que se convertirán en una iglesia celular. ¿Es esto sabio?

Verdad:

Lo mejor es Tener un Plan de Transición a Largo Plazo

Aconsejo a los pastores a no hacer un anuncio general, es decir a toda la iglesia, hasta que esté en el proceso de transición. En realidad, ¿Qué es lo que el pastor anunciaría? ¿Un cambio estructural? Las personas que no han experimentado la vida celular interpretaran el anuncio de convertirse en iglesia celular, como si se tratara de otro programa. Esto es contra productivo, y a la congregación le causará hastío tener que trabajar con otro cambio de programas.

Es mucho mejor si el pastor principal y los líderes clave trabajan en una estrategia a largo plazo detrás de escena, que incluya tablas de tiempo, el desarrollo de la ruta de capacitación, la estrategia de supervisión, y cómo el equipo de liderazgo dirigirá la visión celular. Tal elaboración de estrategias es parte de la etapa de la pre-transición, de las transiciones efectivas a iglesia celular.

La verdadera transición inicia cuando el pastor general crea un grupo piloto. Este grupo piloto normalmente se reúne por un término de seis meses a un año. Las personas de este grupo son creyentes firmes que están dispuestos a liderar su propio grupo celular cuando el grupo piloto dé a luz. En el grupo piloto el pastor principal demuestra cómo dirigir una célula, haciéndolo. Antes que el grupo piloto se multiplique, el pastor principal junto con los nuevos creyentes que irán a los nuevos grupos celulares, procurarán alcanzar nuevas almas mediante un esfuerzo evangelístico.

El pastor principal puede hacer el anuncio sobre los nuevos grupos celulares de la iglesia, después que el grupo piloto se haya multiplicado.

Los planes que han sido bien elaborados, siempre son mejores que aquellos hechos con gran prisa. Recuérdate de la tortuga y la libre. La liebre corrió rápidamente, con confianza y arrogancia. La estrategia de la tortuga valió la pena a largo plazo, y cruzó primero la línea de meta.

Una gran iglesia tradicional en Nueva York, se entusiasmó con el ministerio de iglesia celular. Mientras les ayudaba a planear su transición, el pastor general de manera instintiva articuló su necesidad por dirigir un grupo piloto para su personal y líderes principales, a fin de modelarles el ministerio celular y asegurarse que sus líderes principales también lo comprendieran. Él reunió en su casa a miembros de su personal mientras dirigía su primera célula. Este pastor comprendió la necesidad de tener un buen inicio, y que era mejor para él arreglar los problemas en su célula piloto, antes que esos problemas se convirtieran en parte de toda la estructura celular.

Justamente lo opuesto ocurrió en otra iglesia que asesoré. Desde la primera vez que nos pusimos en contacto con el pastor principal, se hizo evidente que él no quería cambiar nada en su iglesia basada en programas. A él le gustaba la idea de la estrategia de iglesia celular como un agregado a lo que él ya estaba haciendo, mientras él no tuviera que involucrarse. Él sólo estaba interesado en los logros externos que el ministerio celular puede traer, sin tener que pagar el precio para hacerlos realidad.

Mito:

Debes Iniciar la Transición con un Prototipo

Recomiendo iniciar la transición a la iglesia celular con un grupo piloto, dirigido por el pastor general. Muchas de las iglesias que han hecho su transición al modelo celular de manera exitosa, han utilizado esta estrategia con gran efectividad. No obstante, ¿Es esta la única manera de hacer la transición al modelo de la iglesia celular?

Verdad:

Existen Varias Maneras para Hacer la Transición

Recuerdo a un buen amigo, a un pastor, a quien se le apagó el interés por el ministerio celular porque ciertos gurús de las células le hicieron sentir que para iniciar su primer grupo piloto tenía que seguir un sistema largo, complicado y sujeto a reglas. A mi amigo hasta le fue dicho que cerrara los grupos existentes y que entrara en un lento proceso de creación de prototipos. Él decidió desistir por que la iglesia celular le pareció demasiado complicada.

Iglesia Elim no inició su transición con sólo un grupo piloto. Elim hizo su transición con toda la iglesia al mismo tiempo, la cual en ese momento era de tres mil personas. Sergio Solórzano, el pastor fundador e indiscutible líder, instruyó a las pequeñas iglesias plantadas que se unieran y comenzaran una iglesia celular en toda la ciudad. Los pastores de las iglesias pequeñas en San Salvador se convirtieron el la red de pastores que formó la enorme iglesia celular en San Salvador.

Solórzano y su equipo reunían a todos los líderes de manera regular para enseñarles los principios celulares, cómo hacer la transición, y lo qué se suponían debían hacer en la célula. Aún con esta enseñanza, la iglesia tuvo que "fallar" y luego ajustar su sistema muchas veces mientras iban avanzando. Aunque yo no sugeriría esta estrategia, para Elim funcionó.

Phil Potter, rector de una iglesia Anglicana en el Reino Unido, escribió un libro titulado *The Challenge of the Cell Church* (El Desafío de la Iglesia Celular). En ese libro, él describe cómo su iglesia hizo su transición a la iglesia celular iniciando con diez células simultáneamente. ¿Cómo lo hizo? Él y sus líderes claves se pasaron meses hablando acerca de la transición a una iglesia celular, y luego incluyeron en el proceso a toda la iglesia. Cuando ellos estuvieron en total acuerdo, la iglesia inició diez células al mismo tiempo. La iglesia de Potter fue otra excepción a la norma de que el pastor general dirigiera el primer grupo piloto.

Cuando hicimos la transición en nuestra iglesia en Ecuador, sólo teníamos tres años. Los líderes que habían establecido la iglesia aún estaban allí. Por lo que podíamos hacer cambios más rápido. Iniciamos con varias células al mismo tiempo, aunque de hecho, dimos prioridad a la creación de prototipos de principios. Cada uno de los pastores dirigió grupos celulares, y le modeló al resto de la iglesia cómo hacer funcionar los grupos celulares.17

Una de las razones por la que vimos tan rápido crecimiento, fue porque evaluamos el costo, y nos comprometimos con la visión celular a largo plazo.

Conozco otra iglesia en Ecuador, que inició con tres grupos piloto. La iglesia conocía mucho acerca del ministerio de grupos pequeños, y el personal pastoral estaba completamente comprometido con la transición. Ellos eran una iglesia muy grande y el pastor principal sintió la libertad de iniciar varios grupos pilotos a la vez. A ellos les funcionó muy bien. Él dirigió un grupo, y los miembros clave de su personal pastoral dirigieron los demás grupos celulares.

De acuerdo a Scott Boren, quien ha hecho investigaciones exhaustivas sobre la transición a la estrategia de la iglesia celular, cada iglesia que ha hecho su transición exitosamente, y está avanzando en el ministerio celular, ha seguido principios prototipo, aunque tal vez no hayan hecho un grupo celular prototipo. Boren, notó que las iglesias celulares efectivas no esperan la perfección antes de seguir adelante con el inició de nuevas células. Ellos entendieron la necesidad de aprender en el camino.

Las personas harán lo que ven, por lo que la iglesia debe tener en mente principios prototipo cuando hagan la transición. De hecho, hay varias maneras cómo hacer esto.

Doce
PLANTANDO IGLESIAS MITOS Y VERDADES

Estimado Pastor Seibert,

He admirado desde la distancia, como su iglesia ha lanzado nuevas iglesias celulares alrededor del mundo. Estoy tratando de discernir el llamado de Dios para mi vida si plantar o no una nueva iglesia celular en mi ciudad. Me preguntaba cómo le parece que funcionaría la célula con la celebración durante el fin de semana en las nuevas iglesias plantadas. Me encantaría saber cómo funcionan en las nuevas iglesias plantadas que forman parte de la red de Antioquía.

Gracias por su tiempo,
Pastor Diego

Estimado pastor Diego,

Primeramente permíteme decirte que el centro de la iglesia es Jesucristo. Sin el amor y el poder de Jesús palpitando a través de tu vida personal, no se tiene la fuerza ni la confianza de plantar lo que Dios te tiene preparado. Así que mi primer desafío para todos los plantadores de iglesias es de asegurar que su principal prioridad todos los días sea su tiempo con Jesús, por medio de la palabra, adoración y oración. Capacitamos a los plantadores de iglesia que organicen sus días en base a este lugar de reunión con Dios, que derramen sus corazones, que escuchen a Dios, y que le respondan a Dios sistemáticamente. La vida devocional de un líder debe ser moldeada no sólo esperando en Dios y pidiéndole sabiduría para el día, sino también pidiéndole dirección específica. Cuando estás creando algo de la nada, como es el caso de iniciar una nueva iglesia, es tan importante que el creador esté a cargo de es recorrido.

Un ejercicio práctico que he usado a lo largo de los años para ayudarme a esperar en Dios es básicamente el siguiente: "¿Dios, me podrías dar tres cosas para hacer hoy?" No podemos realizar todo, todos los días, pero sí podemos hacer tres cosas. Dios ha sido fiel para mostrarme lo que Él quiere que haga, y al seguirle, los resultados han sido alentadores.

Desde una perspectiva estratégica, recuerda que estamos tratando de construir un movimiento de discipulado. San Mateo 28: 19-20 dice, "Por tanto, id, y haced discípulos a todas las naciones, bautizándolos en el nombre del Padre, y del Hijo, y del Espíritu Santo; enseñándoles que guarden todas las cosas que os he mandado; y he aquí yo estoy con vosotros todos los días, hasta el fin del mundo. Amén". Los movimientos de discipulado consisten en invertir en las vidas de las personas de tal manera que ellos también puedan invertir en otros.

Lo que quiero decir con esto es que hay que sembrar la semilla del Evangelio en otros, para que ellos hagan lo mismo a cambio. Pero esa razón la celebración del domingo no es la pieza central de la nueva iglesia plantada. Cuando el servicio de celebración se convierte en la pieza central de la nueva iglesia, todo gira alrededor de la multitud, lo cual hace que sea difícil que se convierta en un movimiento de discipulado. Pero si las relaciones mutuas y el discipulado son el comienzo de la iglesia que has plantado, entonces tú vienes a celebrar lo que Dios ya ha estado haciendo en la vida del otro durante toda la semana.

Se necesita más tiempo y te tomará más de tu tiempo y energía, invertir en las vidas de las personas que invertirlo todo en la celebración, pero nunca te arrepentirás de construir un gran fundamento para todo lo que Dios quiere hacer. Cuando empezamos con Antioquía en 1999, nos reuníamos en edificios rentados y debido a eso solamente dependíamos de los grupos de vida. Los grupos de vida se comunicaban con nuestra gente para indicarles dónde se llevarían a cabo las reuniones de celebración.

A menudo teníamos más personas en nuestros grupos de vida que durante los domingos por la mañana, porque los grupos de vida se estaban responsabilizando por las vidas de las personas. Yo fui desafiado al principio por las personas que pedían distintos tipos de programas. Decidimos apropósito, que por dos años simplemente ofreceríamos grupos de vida y un servicio de celebración el domingo. Todo lo que las personas tenían en su corazón: de alcanzar al pobre, de cuidar a las viudas, de proveerle financieramente a alguien con alguna necesidad, lo implementamos a propósito en el contexto de los grupos de vida. Queríamos que nuestros grupos de vida se convirtieran en pequeñas iglesias en las casas para que todos *fueran pastoreados y a la vez se sintieran responsables por ministrar.*

El mejor consejo que te puedo dar es que lo inicies y lo termines con un plantador de iglesias. A menudo le decimos a nuestra gente cuando están por plantar una iglesia, que hagan un esfuerzo de 100 días. Todos saben que un presidente trazará su curso en los primeros 100 días de su presidencia. Hemos visto lo mismo en la plantación de iglesias.

Una vez que tú y tu familia te hayas establecido, esos primeros tres meses deben ocuparse para compartir el Evangelio todos los días, compartir tu visión de lo que Dios está haciendo todos los días, y deberás invertir inmediatamente en personas hambrientas y enseñables. Invita a estas personas a una comunidad de grupo pequeño y empodéralos para que ellos también alcancen a otros.

Que Dios te bendiga al tomar los siguientes pasos hacia la vida de la iglesia celular.

Jimmy Seibert,
pastor principal de Antioch Community Church (Iglesia Comunidad Antioquía), www.antiochcc.net

Mito:

El Enfoque Debe Estar en el Éxito de una Sola Iglesia

Nunca olvidaré la experiencia de estar sentado en medio del público en el Seminario Fuller en 1984, y escuchar a David Cho hablar acerca de su iglesia de cuatrocientos mil miembros. Yo era un plantador de iglesias pionero, batallando en el centro de Long Beach, y sus palabras parecían surreales al hablar sobre la efectividad de su sistema celular tanto para pastorear a las personas y para evangelizar a los nuevos. Yo quería ser justo como David Cho. Compré sus grabaciones, su nuevo libro y le enseñé a mi gente sobre los grupos celulares en los hogares.

Más adelante tuve la oportunidad de visitar la Iglesia de Cho y otras muchas enormes iglesias celulares como la Iglesia del Evangelio Completo de Yoido. Todas las enormes iglesias que visité habían sido intensamente impactadas por el increíble crecimiento en Corea. No obstante, ¿Son las grandes mega-iglesias celulares la regla o son la excepción?

Verdad:

Es Deseable Plantar Nuevas Iglesias Celulares Más Pequeñas

Pablo fue el plantador de iglesias más efectivo del primer siglo. El plantó iglesias sencillas y reproducibles, y avanzó expandiendo el Evangelio. Él no se quedó en un solo lugar para hacer que una iglesia creciera cada vez más. Sin embargo él podía decir, "con potencia de señales y prodigios, en el poder del Espíritu de Dios; de manera que desde Jerusalén, y por los alrededores hasta Ilírico, todo lo he llenado del evangelio de Cristo". (Romanos 15:19). Antes del año 47 no había iglesias en estas provincias. En el año 57 Pablo habló sobre el trabajo que él había realizado.

Bob Roberts, Jr. pastor general de la Iglesia Northwood, en Texas, ha plantado unas cien iglesias. En su libro, *The Multiplying Church*, (La Iglesia que se Multiplica), él escribe:

En más de una ocasión, me he encontrado en medio de un grupo de pastores de mega-iglesias, quienes hacen este tipo de declaraciones: "Necesitamos asociarnos para iniciar algunas importantes iglesias—no necesitamos perder nuestro tiempo en estas pequeñas iglesias de cien o doscientas personas". ¡Ellos no lo entienden! Yo trato de educarlos pero más a menudo de lo esperado, es en vano. Cuando ellos hacen una declaración como la anterior pierden de vista dos cosas. Primero, no conocen su propia historia. Donde ha habido una explosión de fe, nunca ha sido debido a la multiplicación de mega-iglesias, sino debido a iglesias más pequeñas con membresías de 50 a 200... Segundo, ellos no comprenden la naturaleza de los movimientos. Los movimientos son personales y virales (de persona a persona). Donde han emergido movimientos, no ha sido por causa de lo grande, sino por causa de lo pequeño.[18]

Cada vez estoy más convencido que nosotros en el mundo de la iglesia celular, hemos hecho un gran trabajo capacitando líderes a través del ministerio celular, pero no nos hemos enfocado lo suficiente en levantar pastores para que multipliquen nuevas iglesias. Christian Schwartz y su equipo de investigación estudió iglesias alrededor del mundo, y descubrió que las iglesias plantadas eran más efectivas que las iglesias grandes para ayudar a las personas a convertirse en seguidoras de Cristo, bautizando miembros, y ministrando las necesidades. Schwartz escribe:

> Si en vez de una sola iglesia con 2,856 adorando, tuviéramos 56 iglesias, cada una con 51 adoradores, estadísticamente hablando estas iglesias ganarían 1,792 nuevas personas en 5 años—16 veces más del número que la mega-iglesia ganaría. ¡Así, podemos concluir que la efectividad

evangelística de las mini-iglesias es estadísticamente mayor que la de las mega-iglesias en un 1,600 porciento![19]

Cuando Jesús vio las increíbles necesidades a su alrededor y en especial a aquellos que eran desvalidos, y acosados, y con necesidad de un pastor, les dijo a sus discípulos, "A la verdad la mies es mucha, mas los obreros pocos. Rogad, pues, al Señor de la mies, que envíe obreros a su mies". (San Mateo 9:37-38)

Los mejores plantadores de iglesias son aquellos que han multiplicado grupos celulares, y supervisado a los nuevos líderes. Ellos poseen la vital, y necesaria experiencia para plantar una iglesia.

Al viajar alrededor del mundo nos comprometemos apasionadamente con las iglesias celulares más grandes a escuchar el llamado de Dios para las misiones. Me encantaría ver líderes que han multiplicado células que ahora están supervisando células, que consideraran convertirse en plantadores de iglesias misioneras por todo el mundo. Los pastores generales son la clave para enviar a tales personas. Algunos de estos pastores multiplicadores van a plantar cerca de su misma ciudad, estado, o país. Otros se convertirán en misioneros transculturales que plantarán iglesias celulares en tierras lejanas.

Mito:

La Iglesia Inicia Cuando el Servicio de Celebración Inicia

Muchas personas equiparan la primera gran concentración que se reúne para adorar y escuchar la predicación de la palabra de Dios, con el inicio de una iglesia. Muchos llaman a esto el primer servicio de celebración, el cual tiene lugar comúnmente el día domingo por la mañana.

Algunos plantadores de iglesias podrían tener al principio pequeños grupos o equipos para prepararse para la gran reunión, pero estos grupos son los medios para el fin. La meta final es la gran reunión del grupo.

Verdad:

La Iglesia Inicia cuando Inicia la Primera Célula

En la estrategia de la iglesia celular, el primer grupo celular es oficialmente la iglesia. La meta es multiplicar células y juntarlas para la celebración.

Un plantador de iglesias inició un grupo de hogar y lo multiplicó varias veces. No obstante, al hablar con él me expresaba que se sentía desanimado, diciendo: "Simplemente no estoy seguro si yo debo ser el que dirija esta iglesia plantada". Yo sólo lo escuché. Él continuó, "Ya debería tener más personas para poder lanzar esta iglesia". Yo le refuté diciendo, "Pero tú ya tienes una iglesia".

"Pero necesito tener a muchas más personas en el equipo de lanzamiento para verdaderamente lanzar a la iglesia en un futuro". Respondió él.

En este plantador de iglesias estaba profundamente arraigada la noción de que su iglesia no existiría hasta que tuviera un gran lanzamiento con muchas personas. Mientras tanto, él simplemente estaba reuniendo personas que se estaban preparando para lanzar la verdadera iglesia. Pero durante esta espera, sentimientos de fracaso lo abrumaban porque otros le habían dicho que él debía tener más personas para poder lanzar la iglesia.

Le aconsejé a mi amigo que viera su primera célula como la iglesia. Le dije que disfrutará la multiplicación de las células individuales, sabiendo que él ya había plantado la iglesia. Al final, él reuniría a todas esas células en un servicio de celebración para lograr la madurez de todos los creyentes a través de la adoración y de la enseñanza de la palabra de Dios.

Yo quería que el plantador de iglesias sintiera el gozo puro de saber que él ya había plantado la iglesia. Obviamente su trabajo era el de mantenerse firmemente alcanzado a otros, multiplicando células, y continuar haciendo discípulos.

Como está escrito a través de las páginas de este libro, una de las verdades fundamentales de la iglesia celular es que la célula es la iglesia. La iglesia es establecida cuando el pastor lanza la primera célula. La meta es multiplicar la primera célula en más grupos celulares, y luego al final reunir todas esas células para celebrar.

Fui el mentor de un estudiante de doctorado quien escribió su disertación acerca de plantar una iglesia sencilla en medio de la denominación Cristiana Reformada. Él andaba en busca de apoyo y aprobación. Planeó iniciar con un grupo pequeño (célula) y multiplicarlo en más grupos. Su título: Una Estrategia para Iniciar un Movimiento de Multiplicación de Iglesias en Muskegon, Michigan, declaraban sus audaces intenciones.

Pero primero él debía hacer que su primera célula fuera aceptada como una iglesia verdadera. Su denominación consideraba verdaderas iglesias aquellas que tenían un pulpito, edificio, etc. Mi trabajo como su mentor fue ayudarle a convencer a su denominación que la célula era la iglesia. [20]

El desafío para el estudiante de doctorado era superar las reglas de la denominación que declaraban: "Un ministro de la palabra sirviendo como pastor de la congregación deberá predicar la palabra, administrar los sacramentos, conducir servicios públicos de adoración, catequizar a la juventud, y capacitar a los miembros para el servicio cristiano". 21 Note las palabras "conducir servicios públicos de adoración". ¿Podría tener él una iglesia sin un servicio público? El planeó iniciar la iglesia con un grupo pequeño. ¿No era este grupo la iglesia desde el principio? Su lucha no era solamente un ejercicio teórico. Él estaba en busca del financiamiento y del apoyo de la denominación.

Efectivamente él completó con éxito la disertación e inició la iglesia como una célula única. Al final creció hasta llegar a múltiples células, y a un servicio de celebración.

Le recomendé iniciar la primera célula los sábados por la noche, o en cualquier noche durante la semana—pero no los domingos por la mañana. Parte de la presión por tener que competir con las iglesias más grandes que se reúnen en el área, los domingos por la mañana se suprime haciendo esto. También les aconsejo a los plantadores de iglesias que hagan las capacitaciones los domingos por la mañana, que sostengan una reunión de oración, o que salgan a ministrar. Es una gran idea movilizar a la iglesia para alcanzar y ministrar a aquellos con necesidades.

Mito:

Abre el Servicio de Celebración lo Más Pronto Posible

He escuchado que las iglesias en Japón aprendieron de Norteamérica que una verdadera iglesia tiene que tener un servicio de celebración. Lo primero en lo que piensa un plantador de iglesias en Japón es en abrir un servicio de celebración. Por ejemplo una iglesia Japonesa tiene su servicio de celebración sólo con siete personas presentes, se sienten completos con un púlpito y boletines profesionales. Los siete se sientan en filas, La eclesiología detrás de este tipo de plantación de iglesia, es que la iglesia es un lugar donde las personas se congregan para escuchar a un predicador. Un ministro tiene que pasar por una capacitación intensa para convertirse en pastor, y después necesita un lugar dónde utilizar su capacitación, es decir en un edificio donde las personas se puedan sentar a escucharlo, o escucharla.

Aunque el pastor crea que la célula es la iglesia, es fácil sentirse presionado para abrir el servicio de celebración lo más pronto posible.

Un pastor en Carolina del Norte sintió esa presión y comenzó un servicio de celebración con sólo dos familias. Él dependía de estas dos familias para hacer todo. Las dos familias, junto con el pastor y su esposa, tenían que armar, desarmar, cuidar a los niños, dirigir la adoración, y proveer el refrigerio. Y siempre se sentía incómodo tener la sensación de que se trataba de una celebración cuando sólo un puñado de personas estaba presente. Este pequeño equipo anhelaba tener más personas, pero desafortunadamente, nunca se formó una multitud, y cerraron la iglesia. Pero para empezar, ¿Debieron haber pasado por tal dolor?

Verdad:

Espera hasta que Hayan Suficientes Personas en las Células para Iniciar las Celebraciones Semanales

Considéralo un lujo si puedes iniciar una iglesia con un gran núcleo de la iglesia madre. Nosotros hicimos esto en Ecuador cuando ciento cincuenta personas y diez grupos celulares dejaron la iglesia madre para iniciar una iglesia hija.

¡También teníamos una porción de tierra y un edificio! Iniciamos corriendo y la iglesia nunca se detuvo. Si bien es cierto que este es un panorama ideal, es muy difícil de reproducir, pues la mayoría de iglesias no comienzan de esta manera. De hecho, la mayoría de iglesias plantadas inician con una sola célula y crecen a partir de allí.

Cuanto la celebración tiene lugar, es simplemente porque se están congregando juntas todas las células. Es el momento que tienen las células para celebrar. La mayoría de iglesias celulares tienen sus celebraciones semanalmente, pero yo aconsejo a las iglesias que esperen hasta tener suficientes células y personas en las células para hacer esto. De lo contrario demasiada carga es puesta sobre pocas familias clave, para pagar los recibos, mantener los ministerios funcionando, y hasta para proveer a la iglesia posiciones de liderazgo claves.

Yo recomiendo iniciar con las celebraciones semanales cuando ya hay de ocho a diez células, y de setenta a cien personas aproximadamente en esas células. Hasta entonces, lo mejor es sólo tener celebraciones periódicas, digamos, una por mes. Las reuniones de oración y las reuniones sociales pueden servir para reunir a las células mientras tanto. Tal vez te gustaría seguir este programa:

- 3 células: una celebración al mes
- 6 células: dos celebraciones al mes
- 8-10 células: una celebración semanal

Es muy confortable tener una pequeña reunión en un hogar. En una sala caben cerca de doce personas. Si sólo llegan cuatro, a nadie parece importarle. De hecho, a menudo un grupo más pequeño puede compartir más íntimamente. Pero no sucede lo mismo en un servicio de celebración. Cuando sólo llegan unas cuantas personas, es más difícil crear la atmósfera de una celebración.

Mito:

Debes Iniciar un Servicio de Celebración Semanal

Algunas personas creen que la iglesia celular siempre debe tener una célula semanal, y un servicio de celebración semanal. Después de todo, ¿No es acaso eso lo que significa ser una iglesia de dos alas? Yo pensé de esta manera por muchos años y aún enseñé que la definición de una iglesia celular incluía células semanales, y celebraciones semanales. Pero ¿Esto tiene que ser siempre cierto?

Verdad:

Algunas Iglesias Celulares Nunca se Reunirán Semanalmente para una Celebración

El porcentaje de personas que se reúnen en servicios de celebración semanales en Norteamérica ronda setenta y cinco. (No estoy seguro del porcentaje semanal de las iglesias celulares a nivel mundial). Muchas iglesias celulares nunca crecerán más allá de las cien personas. En el libro de Ralph Neighbour, Where do *We Go from Here?* (¿De Aquí Hacia Donde nos Dirigimos?), él escribe lo siguiente:

> La recomendación es que retrases cualquier celebración para las células hasta que tengas por lo menos a cien que participen. Las tareas para desarrollar los servicios pueden después irse rotando entre las células, o se les puede pedir

a ciertas células que realicen las mismas tareas en cada servicio. Cuando finalmente crees un servicio público, enfócalos a que construyan la vida de las células, en vez de atraer a personas quienes puedan no estar interesadas en la vida celular. Mientras más convertidos reúnas, más rápido verás que tu visión se vuelve realidad.[22]

Estoy de acuerdo con el consejo de Ralph Neighbour y creo que muchas iglesias celulares nunca tendrán una reunión de celebración semanal. Sí, las células se reunirán cada semana, pero el servicio de celebración sólo se llevará a cabo trimestralmente, cada mes, o dos veces al mes.

Bill Beckham, un experto en el ministerio celular, también cree que necesitamos ser creativos con respecto a la frecuencia y al propósito del servicio de celebración. Por ejemplo, algunas iglesias celulares juntarán sus células para una reunión de oración, capacitación, y luego para un servicio de celebración mensual (por ejemplo, adoración, predicación, etc.)

Al exigir una celebración semanal, estamos limitando el número de iglesias que podemos plantar y a los plantadores de iglesias. Los servicios de celebración semanales, concluyen con la predicación y con la adoración, y el ministerio de los niños requiere ciertas habilidades que no todos los plantadores de iglesia poseen. Algunos pastores simplemente no tienen el carisma o talento necesarios para hacerlo. Estoy convencido que no estamos plantando iglesias más a menudo porque algunas personas insisten en que los plantadores de iglesias necesitan predicar en un servicio de celebración semanal.[23]

Corre con la Verdad

Algunos de los mitos en este libro son el resultado de buenas intensiones que se extraviaron. Una iglesia o un pastor puede ser que haya tratado de corregir el desbalance pero por el contrario, se convirtieron en parte del problema. Sin embargo, otros mitos son inspirados por el enemigo con la meta de frustrar y destruir la obra de Dios.

El 9 de junio de 1999, recibí una profecía de Harold Weitz, un ungido pastor Sudafricano de una iglesia celular quien tiene un comprobado don de profecía. Parte de la profecía indicaba lo siguiente:

"El enemigo está afligido por lograr una sola cosa: detener el avance de todas las iglesias celulares; pues El Señor dice, yo tomaré a mi iglesia para que regrese al patrón bíblico de la iglesia en las casas".

Cuando Dios se mueve y crea una estrategia que trae salud y vida para su iglesia, satanás y los demonios a menudo traen el engaño para frustrar la obra de Dios. De hecho, Jesús nos dice que nos guardemos de los falsos profetas, que vienen a nosotros con vestidos de ovejas, pero por dentro son lobos rapaces. Jesús nos dijo que por sus frutos los conoceríamos. (San Mateo 7: 15-16).

Mi esperanza es que como resultado de leer este libro, tú estés mejor equipado para discernir los errores del enemigo de los principios de Dios, la cizaña del trigo.

Y aún más importante, mi deseo es que corras confiadamente con principios positivos, y una perspectiva que te permita construir un fuerte fundamento para tu ministerio celular. Oro porque tomes los principios bíblicos, probados a través el tiempo y expuestos en este libro, y descubras el sendero que conduce a un ministerio celular fructífero a largo plazo.

REFLEXIONES
POR CARL GEORGE

Joel Comiskey, es alguien a quien he admirado por muchos años. Su invitación a agregar una reflexión a este excelente libro es un privilegio que aprecio.

La dirección de los grupos celulares para futuro se ha ido haciendo cada vez más clara con el paso de cada década. Las iglesias no pueden construir suficientes edificios para mantenerse al día con sus necesidades de adoración, mucho menos aulas de clases para la educación cristiana.

El cristianismo se ha propagado rápidamente bajo la persecución, y sin el patrocinio del gobierno desde los días de la iglesia primitiva hasta ahora. Las iglesias más grandes que existen, y que ahora se encuentran prácticamente en todos los continentes, se apoyan en variaciones de modelos de grupos celulares para cuidar y nutrir a sus convertidos. El jurado ya decidió. El veredicto es claro. El ministerio de grupos celulares funciona.

Los únicos impedimentos para implementar el ministerio de grupos celulares son la falta de claridad en las metas, y las distracciones por otros objetivos. He visto fracasar esfuerzos de grupos celulares sólo por la insuficiente sabiduría para el liderazgo, e insuficiente perseverancia para trabajar contra las resistencias e impedimentos encontrados durante la transición. Con este libro se asegura la claridad.

Joel y yo, ambos conocimos a David Cho en 1984. Ambos hemos obtenido mucha inspiración de su trabajo pionero en Corea.

Cuando Cho explicó las raíces de su estrategia de iglesia celular, él le dio crédito a varias corrientes que condujeron a la fundación de la iglesia más grande en la historia de la cristiandad:

1. La influencia pionera de su suegra cuando él estaba demasiado enfermo para llevar las riendas como de costumbre.
2. Haber sido expuesto a la historia de John Wesley, cuyas sesiones de clases (en realidad grupos de hogar) preservaban el fruto que iglesias establecidas no podían preservar.
3. Sus primeros éxitos utilizando miembros de su personal para supervisar y respaldar a los líderes de célula.

Cada uno de estos tres principios centrales le ayudó a Cho a desarrollar su pequeño ministerio de grupos mientras su iglesia crecía más y más.

Cuando Cho expuso sobre el lugar que tienen la fe y la oración al momento de obedecer el llamado de Dios para abrir grupos celulares, él dijo algo que ha resonado en mis oídos por muchos años. De hecho, todavía puedo escuchar a Cho diciendo, "Es el sistema celular el que usted debe comprender".

Con estas palabras, Cho me transmitió algo que trasciende a la célula misma. Es la idea que las células no son en sí un fin. Si tú sólo te enfocaras en las células, pasarías desapercibidas verdades importantes que Cho había comprendido en su totalidad:

1. Los nuevos creyentes reciben atención personal en las células. Cho se dio cuenta que los nuevos cristianos maduran para ser discípulos de Jesús con la atención que les es provista a través del ministerio celular.
2. Se desarrollan nuevos líderes a través del ministerio celular. Cho se dio cuenta que las células desarrollaban líderes, quienes a cambio iniciaban nuevas células. Luego empleó a pastores para que formaran parte de su personal y apoyaran a los líderes.

El tipo de líder que Cho tenía en mente es descrito por Joel como *el que hace discípulos*. Este tipo de anfitrión, facilitador, recolector, líder, o como le termine llamando a él o a ella, tiene una visión que va más allá de la reunión celular. *Los hacedores de discípulos* tienen en mente a miembros de célula completamente maduros que a la vez están desarrollando nuevos discípulos a través del ministerio celular.

El Dr. Comiskey nos tiene ocupados con una conversación acerca de la iglesia celular que nos lleva muy lejos en el camino de la eficacia. Mediante el uso del formato de desacreditación de los mitos, y al presentar las interrogantes de ministros de la vida real, Joel nos abre un camino para manejar los cruciales desafíos que enfrenta la implementación del ministerio celular. Sus escritos nos ayudan a esquivar los obstáculos impuestos por las adherencias rígidas a las formulas y tradiciones. Llena de esperanza no sólo al líder de la mega iglesia, sino también al plantador de iglesia, y al pastor de la congregación más pequeña. ¡Su presentación es tan inspiradora que me encuentro nominando mentalmente a mis vecinos y recientes conocidos para invitarlos a una reunión celular en mi propio hogar!

Myths and Truths (Mitos y Verdades) sigue a su excelente libro *Leadership Explosion* (Explosión de Liderazgo). No puedo pensar en un par de libros más útiles que estos dos para cualquiera que espere maximizar sus esfuerzos por ser fructífero en el ministerio celular dentro de su congregación.

Carl George
Consultoría para el Crecimiento
Taylors (Greenville) Carolina del Sur

APÉNDICE

En mayo del 2005, El Grupo de Joel Comiskey comisionó al Centro de Investigaciones del Desarrollo Natural de la Iglesia, Natural Church Development NCD, en Alemania para hacer un estudio estadístico que comparara a las iglesias celulares norteamericanas, con las iglesias norteamericanas no-celulares. En ese momento, el NCD tenía 7,972 perfiles de iglesias norteamericanas. De ese número el 3.6% calificaban como iglesias celulares. Aunque el porcentaje de las iglesias celulares es comparativamente pequeño, el software de manejo de datos estadísticos les permite a los investigadores nivelar el campo de muestreo a fin de hacer comparaciones exactas.

En este apéndice, simplemente citaré la investigación de Chistoph Schalk a partir del análisis que envió. Para recibir el análisis completo en formato PDF, solicítalo al correo electrónico info@joelcomiskeygroup.com.

Definición de iglesia celular de acuerdo al NCD

El NCD, define a una iglesia celular como una iglesia con más del 75% de miembros involucrados en pequeños grupos holísticos.

Schalk me dijo, Joel Comiskey, el equipo de investigación clasificó a una iglesia celular como una iglesia con un puntaje de 65 ó más grupos pequeños holísticos, y con más del 75% de asistencia a grupos pequeños de adoración. A fin de hacer énfasis permíteme decir esto de otra manera: en las iglesias etiquetadas por este estudio como iglesias celulares, más del 75% de aquellos que asistieron a los servicios de adoración los fines de semana, también asistieron a pequeños grupos holísticos durante la semana, y estas iglesias se destacaron con los pequeños grupos holísticos anotando una puntuación más alta que 65 en la prueba del NCD.[24]

Sin embargo esto todavía no define, qué es un pequeño grupo holístico para el NCD. La respuesta a esta pregunta puede encontrarse en el libro Natural Church Development (Desarrollo Natural de la Iglesia), donde las características de un grupo pequeño holístico incluyen las siguientes:

- Énfasis en la aplicación de verdades bíblicas que conducen a la transformación. Las personas en estos pequeños grupos tienen la libertad de hacer referencia a temas que se aplican a la vida diaria.
- El ejercicio de los dones espirituales dentro del grupo pequeño.
- Prioridad al grupo pequeño por ser tan importante como el servicio de celebración. En otras palabras el grupo pequeño, no es simplemente una extensión programática

del servicio de celebración. Schwarz usa el término "mini-iglesia" para describir un grupo pequeño holístico.
- La multiplicación: la multiplicación resaltó como el factor clave en iglesias saludables y en crecimiento. Schwarz dice, "Si debiéramos de identificar algún principio como el más importante...entonces sin lugar a duda sería la multiplicación de grupos pequeños". Schwarz continúa, "la continua multiplicación de grupos pequeños es un principio universal del crecimiento de la iglesia".[25]

La definición del NCD de un grupo pequeño holístico se parece mucho a la definición de célula que se dio en la introducción de este libro. También me gusta su definición de iglesia celular, y creo que es un excelente punto de partida. He apreciado el ministerio del NCD, y me anima ver que su amplia investigación confirma que el ministerio de la iglesia celular es una saludable estrategia para el crecimiento de la iglesia.[26]

Las iglesias celulares Norteamericanas obtuvieron mayor puntaje en todas las categorías

De acuerdo al análisis de su investigación de las iglesias celulares norteamericanas, y de las iglesias no-celulares, Schalk dice, "las iglesias celulares obtuvieron significativamente un mayor puntaje en todas las áreas encuestadas, que las iglesias no-celulares. El puntaje combinado de las iglesias celulares promedia 58, mientras que el puntaje combinado de las iglesias no-celulares promedia [50]".

La categoría "Adoración Inspiradora" mostró la diferencia más pequeña (2 puntos más para las iglesias celulares) y "Grupos Pequeños Holísticos" mostró la mayor diferencia (17 puntos más para las iglesias celulares).

Es mejor el servicio de adoración de grupos grandes

Sin embargo, Schalk señala que aun las iglesias que dicen que se enfocarán en el servicio de adoración de grupos pequeños más que en la de los grandes, obtuvieron mejores resultados con los servicios de adoración de grupos grandes. Él dice, "Este descubrimiento indica que las células no se detractan del culto general—sino que participan en él. Además la tasa de plantación de iglesias—a pesar del hecho de que el movimiento de la iglesia celular pareciera que se ha enfocado en hacer cada vez más grande a la iglesia, en vez de plantar más iglesias—parece indicar que de hecho la multiplicación está en el código genético".

Tasa de crecimiento más alta

El estudio indicó que las iglesias celulares demostraron una tasa de crecimiento promedio de más del doble de las iglesias no-celulares.

Conclusión

Tomarse el tiempo para construir una iglesia que honre a Dios y que esté haciendo discípulos no es fácil. Pero Jesús sí nos dijo que calculáramos el costo. El estudio de NCD nos desafía a que hagamos crecer a la iglesia de adentro hacia afuera—una iglesia que produzca un crecimiento fructífero y duradero. El crecimiento de iglesias saludables a través de la estrategia de la iglesia celular es vital para encausar nuevamente a la iglesia norteamericana. Estoy agradecido pues muchas iglesias en Norteamérica ya están implementando la estrategia de la iglesia celular. (http://www.joelcomiskeygroup.com/articles/worldwide/NorthAmerica.htm). Ellos pueden inspirar y darle nuevas perspectivas a aquellos que quieran seguir sus pisadas.

NOTAS FINALES

1. Accessed on Tuesday, March 29, 2011 at http://hirr.hartsem.edu/research/fastfacts/fast_facts.html#sizecong
2. Joel Comiskey, Sam Scaggs, Ben Wong, You Can Coach (Moreno Valley: CA: CCS Publishing, 2010), pp. 70-71.
3. Para leer más sobre el tema: páginas 46-48 de Natural Church Development (Desarrollo Natural de la Iglesia) (Carol Stream, Illinois: Church Smart Resources, 1996).
4. John Kotter, *A Sense of Urgency* (Un Sentido de Urgencia) (Harvard, Michigan: La Prensa de Negocios de Harvard, 2008, introducción. Edición Kindle.
5. Elim sabe cada semana cuántas células se reunieron, cuántos asistieron a la célula, el número de conversiones en la célula, bautismos, y a cuántas personas visitó el líder de la célula. Cuando los resultados están por debajo de las expectativas, Elim ora más, hace correcciones, y procura movilizar las tropas para la batalla.

6. The Spirit-Filled Small Group and Discover both discuss how the gifts of the Spirit are best discovered in the small group atmosphere. All of the passages in scripture about the gifts of the Spirit were written to house churches. These books can be purchased at www.joelcomiskeygroup.com.

7. La prohibición de no aceptar sobornos se repite varias veces en la Biblia, dos veces por la siguiente razón "porque el soborno ciega los ojos de los sabios, y pervierte las palabras de los justos". (Exo.23:8; Dtn. 16:19). La advertencia también anunciaba que el aceptar sobornos podría conducir al derramamiento de sangre inocente (Dtn. 27:25). Dios es alabado por no aceptar el soborno (Dtn. 10:17), y así como son generalmente exhortados los jueces humanos a imitar las cualidades divinas, también son apremiados a ser imparciales, y no susceptibles al soborno (II Cro. 19:7). El que da el soborno es culpado por ser tentador o cómplice del que lo toma, transgrediendo la prohibición "y delante del ciego no pondrás tropiezo" (Lev. 19:14). El soborno parece haberse difundido ampliamente (I Sam 8:3) de lo contrario los profetas no lo hubieran denunciado con tanta vehemencia (Isa. 1:23; 5:23; 33:15; Eze. 22:12; Ams.5:12; Miq. 7:3), pero se menciona por su naturaleza como una conducta poco ética y no como un delito. [Estos versículos fueron tomados de http://www.jewishvirtuallibrary.org/jsource/judaica/ejud_0002_0004_0_03532.html]

8. Lawrence Khong, *The Apostolic Cell Church* (La Iglesia Celular Apostólica): Estrategias Prácticas para el Crecimiento y Alcance, la Historia de la Iglesia Bautista de la Comunidad de Fe (Singapur: Ministerios Internacionales Touch, 2000) Pag. 32.

9. *Boundaries Límites (Grand Rapids, Michigan: Zondervan, 1992), pags. 99-100.*

10. Esta compilación se le acredita a Jack Canfield y Mark Victor Hansen. Ellos son los creadores del imperio The Chicken Soup (La sopa de pollo) y la idea de su libro fue rechazada por casi todos los editores publicistas. Publicado por Carmen Leal el día jueves, 29 de julio de 2004 en Writer´s View, (el punto de vista del escritor) una lista de grupo de yahoo.

11. John Mallison, *Growing Christians in Small Groups* (Cristianos que Crecen en Grupos Pequeños) (Londres: Scripture Union, 1989) pag. 5

12. C. Kirk Hadaway, Francis M. DuBose, y Stuart A. Wright, *Home Cell Groups and House Churches* (Grupos Celulares de Hogar e Iglesias en las Casas) (Nashville, TN: Prensa Broadman, 1987), pag.40.

13. Jim Egli, Dwight Marble, Small Groups, Big Impact: *Connecting People to God and One Another in Thriving Groups* (Grupos Pequeños, Gran Impacto: Conectando a las Personas con Dios y Entre Sí en Prósperos Grupos) (Saint Charles, IL: Church Smart, 2011) pag. 42.

14. Jeff Tunnell, blog en el sitio web de Joel Comiskey Group (Grupo de Joel Comiskey), del día lunes, 22 de noviembre de 2010, http://joelcomiskeygroup.com/blog_2/2010/11/22/multiplication-journey/

15. Mis libros sobre la estructura de supervisión incluyen: *Grupos de Doce, De Doce a Tres;* y *Pasión y Persistencia*. Estos libros cubren las tres estructuras principales de la supervisión..

16. Artículo obtenido en http://sports.espn.go.com/sports/tennis/winbledon08/columns/story?columnist=harwitt_sandra&id=3473761

17. Recuerdo la reunión en la cual como personal pastoral decidimos inspeccionar las veinte células que teníamos en ese momento. Cada uno se comprometió a dirigir una célula, supervisar cuatro células existentes, levantar de estas células supervisores, reportar cómo les estaba yendo a las células, y sobretodo multiplicar los grupos. Como equipo pastoral, nos reuníamos cada semana para poner sobre un cuadro gráfico el progreso de las células, y para pastorear juntos la estrategia celular.

18. Bob Roberts, Jr., The Multiplying Church: The New Math for Starting New Churches, (La Iglesia que se Multiplica: La Nueva Forma de Iniciar Nuevas Iglesias), (Grand Rapids, Michigan: Zondervan, 2008), página 65.

19. Ibídem.

20. DeRidder and Hofman, *Manual of Christian Reformed Church Government* (Manual del Gobierno de la Iglesia Cristiana Reformada, página 101.

21. Ralph Neighbour, *Where do We Go from Here?* (¿De Aquí Hacia Donde nos Dirigimos?) (Houston, Texas: Touch Publications, 2000), página 382.

22. Tal como se mencionó con anterioridad, algunos pastores preferirán reunir a las células en un servicio de celebración mensual, reuniones de oración mensuales de media noche, y salidas diversas: sociales, y para alcanzar a otros.

23. 24Correspondencia personal de Christoph Schalk, martes, 31 de agosto de 2004, quien me dijo que habían 30,157,711 entradas en la base de datos del NCD.

24. Christian Schwartz, *Natural Church Development* (Desarrollo Natural de la Iglesia) (Carol Stream, Illinois: Church Smart Resources, 1996). Página 32

25. Brickman, *Natural Church Development and Cell Church: ¿Friend or Foe?* (Desarrollo Natural de la Iglesia e Iglesia Celular: ¿Amigo o Enemigo?) En la página 8 él dice, "Estoy sugiriendo el matrimonio entre los principios de la iglesia celular y el Desarrollo Natural de la Iglesia. No estoy sugiriendo solamente que haya compatibilidad, pero estoy sugiriendo que si un paradigma de la iglesia celular puede hacer huir a mil, la unión de un paradigma de la iglesia celular con uno del NCD puede hacer huir a diez mil. El todo será mucho mayor que la suma de las partes".

RECURSOS DE JOEL COMISKEY

Los libros previos en español de Joel Comiskey cubren los siguientes temas:

- Dirigiendo un grupo celular (*Cómo dirigir un grupo celular con éxito*, 2001)
- Cómo multiplicar el grupo celular (*La explosión de los grupos celulares en los hogares*, 1998)
- Cómo prepararse espiritualmente para el ministerio celular (*Una cita con el Rey*, 2002)
- Cómo organizar en forma práctica su sistema de células (*Recoged la cosecha*, 2001, 2011)
- Cómo entrenar futuros líderes de células (*La explosión de la iglesia celular*, 2004)
- Cómo dar mentoría/cuidar de líderes celulares (*Cómo ser un excelente asesor de grupos celulares*, 2003; *Grupos de doce*, 2000; *De doce a tres*, 2002)
- Principios de la segunda iglesia más grande del mundo (*Elim*, 2004).
- Cómo funciona una iglesia celula en Norteamérica (*La Iglesia que se multiplica*, 2007)
- Cómo plantar una iglesia (*Plantando iglesias que se reproducen*, 2010)
- Cinco libros de capacitación (*Vive, Encuentro, Crece, Comparte, Dirige*, 2011)
- Como ser un discípulo relacional (*Discípulo Relacional*, 2011).
- Como los dones del Esprítu Santo funcionan dentro de una celula. (*El Grupo Celular Lleno del Espíritu*, 2011).

Se puede conseguir todos los libros listados de
"Joel Comiskey Group" llamando al
1-888-511-9995
por hacer un pedido por Internet en
www.joelcomiskeygroup.com

Como dirigir un grupo celular con éxito:
para que las personas quieran regresar

¿Anhela la gente regresar a vuestras reuniones de grupo cada semana? ¿Os divertís y experimentáis gozo durante vuestras reuniones? ¿Participan todos en la discusión y el ministerio? Tú puedes dirigir una buena reunión de célula, una que transforma vidas y es dinámica. La mayoría no se da cuenta que puede crear un ambiente lleno del Señor porque no sabe cómo. Aquí se comparte el secreto. Esta guía te mostrará cómo:

- Prepararte espiritualmente para escuchar a Dios durante la reunión
- Estructurar la reunión para que fluya
- Animar a las personas en el grupo a participar y compartir abiertamente sus vidas
- Compartir tu vida con otros del grupo
- Crear preguntas estimulantes
- Escuchar eficazmente para descubrir lo que pasa en la vida de otros
- Animar y edificar a los demás miembros del grupo
- Abrir el grupo para recibir a los no-cristianos
- Tomar en cuenta los detalles que crean un ambiente acogedor.

Al poner en práctica estas ideas, probabas a través del tiempo, vuestras reuniones de grupo llegarán a ser lo más importante de la semana para los miembros. Van a regresar a casa queriendo más y van a regresar cada semana trayendo a personas nuevas con ellos. 140 páginas.

La explosión de los grupos celulares en los hogares; Cómo su grupo pequeño puede crecer y multiplicarse

Este libro cristaliza las conclusiones del autor en unas 18 áreas de investigación, basadas en un cuestionario meticuloso que dio a líderes de iglesias celulares en ocho países alrededor del mundo—lugares que él personalmente visitó para la investigación. Las notas detalladas al fin del libro ofrecen al estudiante del crecimiento de la iglesia celular una rica mina a seguir explorando. Lo atractivo de este libro es que no sólo resume los resultados de su encuesta en una forma muy convincente sino que sigue analizando, en capítulos separados, muchos de los resultados de una manera práctica. Se espera que un líder de célula en una iglesia, una persona haciendo sus prácticas o un miembro de célula, al completar la lectura de este libro fácil de leer, ponga sus prioridades/valores muy claros y listos para seguirlos. Si eres pastor o líder de un grupo pequeño, ¡deberías devorar este libro! Te animará y te dará pasos prácticos y sencillos para guiar un grupo pequeño en su vida y crecimiento dinámicos. 175 páginas.

Una cita con el Rey:
Ideas para arrancar tu vida devocional

Con agendas llenas y largas listas de cosas por hacer, muchas veces la gente pone en espera la meta más importante de la vida: construir una relación íntima con Dios. Muchas veces los creyentes quieren seguir esta meta pero no saben como hacerlo. Se sienten frustrados o culpables cuando sus esfuerzos para tener un tiempo devocional personal parecen vacíos y sin fruto. Con un estilo amable y una manera de escribir que da ánimo, Joel Comiskey guía a los lectores sobre cómo tener una cita diaria con el Rey y convertirlo en un tiempo emocionante que tienes ganas de cumplir.

Primero, con instrucciones paso-a-paso de cómo pasar tiempo con Dios e ideas prácticas para experimentarlo con más plenitud, este libro contesta la pregunta, "¿Dónde debo comenzar?". Segundo, destaca los beneficios de pasar tiempo con Dios, incluyendo el gozo, la victoria sobre el pecado y la dirección espiritual. El libro ayudará a los cristianos a hacer la conexión con los recursos de Dios en forma diaria para que, aún en medio de muchos quehaceres, puedan caminar con él en intimidad y abundancia. 175 páginas.

Recoged la cosecha; Como el sistema de grupos pequeños puede hacer crecer su iglesia

¿Habéis tratado de tener grupos pequeños y habéis encontrado una barrera? ¿Os habéis preguntado por qué vuestros grupos no producen el fruto prometido? ¿Estáis tratando de hacer que vuestros grupos pequeños sean más efectivos? El Dr. Joel Comiskey, pastor y especialista de iglesias celulares, estudió las iglesias celulares más exitosas del mundo para determinar por qué crecen. La clave: han adoptado principios específicos. En cambio, iglesias que no adoptan estos principios tienen problemas con sus grupos y por eso no crecen. Iglesias celulares tienen éxito no porque tengan grupos pequeños sino porque los apoyan. En este libro descubriréis cómo trabajan estos sistemas. 246 páginas.

La Explosión de la Iglesia Celular: Cómo Estructurar la Iglesia en Células Eficaces (Editorial Clie, 2004)

Este libro se encuentra sólo en español y contiene la investigación de Joel Comiskey de ocho de las iglesias celulares más grandes del mundo, cinco de las cuales están en Latinoamérica. Detalla cómo hacer la transición de una iglesia tradicional a la estructura de una iglesia celular y muchas otras perspicacias, incluyendo cómo mantener la historia de una iglesia celular, cómo organizar vuestra iglesia para que sea una iglesia de oración, los principios más importantes de la iglesia celular, y cómo levantar un ejército de líderes celulares. 236 páginas.

Grupos de doce; *Una manera nueva de movilizar a los líderes y multiplicar los grupos en tu iglesia*

Este libro aclara la confusión del modelo de Grupos de 12. Joel estudió a profundidad la iglesia Misión Carismática Internacional de Bogotá, Colombia y otras iglesias G12 para extraer los principios sencillos que G12 tiene para ofrecer a vuestras iglesias. Este libro también contrasta el modelo G12 con el clásico 5x5 y muestra lo que podéis hacer con este nuevo modelo de ministerio. A través de la investigación en el terreno, el estudio de casos internacionales y la experiencia práctica, Joel Comiskey traza los principios del G12 que vuestra iglesia puede ocupar hoy. 182 páginas.

De doce a tres: *Cómo aplicar los principios G12 a tu iglesia*

El concepto de Grupos de 12 comenzó en Bogotá, Colombia, pero ahora se ha extendido por todo el mundo. Joel Comiskey ha pasado años investigando la estructura G12 y los principios que la sostienen. Este libro se enfoca en la aplicación de los principios en vez de la adopción del modelo entero. Traza los principios y provee una aplicación modificada que Joel llama G12.3. Esta propuesta presenta un modelo que se puede adaptar a diferentes contextos de la iglesia.

La sección final ilustra como implementar el G12.3 en diferentes tipos de iglesias, incluyendo plantaciones de iglesias, iglesias pequeñas, iglesias grandes e iglesias que ya tienen células. 178 paginas.

Explosión de liderazgo; *Multiplicando líderes de células para recoger la cosecha*

Algunos han dicho que grupos celulares son semilleros de líderes. Sin embargo, a veces, aún los mejores grupos celulares tienen escasez de líderes. Esta escasez impide el crecimiento y no se recoge mucho de la cosecha. Joel Comiskey ha descubierto por qué algunas iglesias son mejores que otras en levantar nuevos líderes celulares. Estas iglesias hacen más que orar y esperar nuevos líderes. Tienen una estrategia intencional, un plan para equipar rápidamente a cuantos nuevos líderes les sea posible. En este libro descubriréis los principios basados de estos modelos para que podáis aplicarlos. 202 páginas.

Elim; *Cómo los grupos celulares de Elim penetraron una ciudad entera para Jesús*

Este libro describe como la Iglesia Elim en San Salvador creció de un grupo pequeño a 116.000 personas en 10.000 grupos celulares. Comiskey toma los principios de Elim y los aplica a iglesias en Norteamérica y en todo el mundo. 158 páginas.

Recursos por Joel Comiskey

Cómo ser un excelente asesor de grupos celulares;
Perspicacia práctica para apoyar y dar mentoría a lideres de grupos celulares
La investigación ha comprobado que el factor que más contribuye al éxito de una célula es la calidad de mentoría que se provee a los líderes de grupos celulares. Muchos sirven como entrenadores, pero no entienden plenamente qué deben hacer en este trabajo. Joel Comiskey ha identificado siete hábitos de los grandes mentores de grupos celulares. Éstos incluyen: Animando al líder del grupo celular, Cuidando de los aspectos múltiples de la vida del líder, Desarrollando el líder de célula en varios aspectos del liderazgo, Discerniendo estrategias con el líder celular para crear un plan, Desafiando el líder celular a crecer. En la sección uno, se traza las perspicacias prácticas de cómo desarrollar estos siete hábitos. La sección dos detalla cómo pulir las destrezas del mentor con instrucciones para diagnosticar los problemas de un grupo celular. Este libro te preparará para ser un buen mentor de grupos celulares, uno que asesora, apoya y guía a líderes de grupos celulares hacia un gran ministerio. 139 páginas.

Cinco libros de capacitación

Los cinco libros de capacitación son diseñados a entrenar a un creyente desde su conversión hasta poder liderar su propia célula. Cada uno de estos cinco libros contiene ocho lecciones. Cada lección tiene actividades interactivas que ayuda al creyente reflexionar sobre la lección de una manera personal y práctica.

Vive comienza el entrenamiento con las doctrinas básicas de la fe, incluyendo el baptismo y la santa cena.

Encuentro guíe un creyente a recibir libertad de hábitos pecaminosos. Puede usar este libro uno por un o en un grupo.

Crece explica cómo tener diariamente un tiempo devocional, para conocer a Cristo más íntimamente y crecer en madurez.

Comparte ofrece una visión práctica para ayudar a un creyente comunicar el evangelio con los que no son cristianos. Este libro tiene dos capítulos sobre evangelización a través de la célula.

Dirige prepare a un cristiano a facilitar una célula efectiva. Este libro será bueno para los que forman parte de un equipo de liderazgo en una célula.

El Discípulo Relacional: *Como Dios Usa La Comunidad para Formar a los Discípulos de Jesús*

Jesús vivió con sus discípulos por tres años enseñándoles lecciones de vida en grupo. Luego de tres años les mandó que "fueran e hicieran lo mismo" (Mateo 28:18-20). Jesús discipuló a sus seguidores por medio de relaciones interpersonales—y espera que nosotros hagamos lo mismo. A lo largo de las Escrituras encontramos abundantes exhortaciones a servirnos unos a otros. Este libro le mostrará cómo hacerlo. La vida de aislamiento de la cultura occidental de hoy crea un deseo por vivir en comunidad y el mundo entero anhela ver discípulos relacionales en acción. Este libro alentará a los seguidores de Cristo a permitir que Dios use las relaciones naturales de la vida: familia, amigos, compañeros de trabajo, células, iglesia y misiones para moldearlos como discípulos relaciones.

El Grupo Celular Lleno del Espíritu: *Haz Que Tu Grupo Experimente Los Dones Espirituales*

El centro de atención de muchos grupos celulares hoy en día ha pasado de ser una transformación dirigida por el Espíritu a ser simplemente un estudio bíblico. Pero utilizar los dones espirituales de todos los miembros del grupo es vital para la eficacia del grupo. Con una perspectiva nacida de la experiencia de más de veinte años en el ministerio de grupos celulares, Joel Comiskey explica cómo tanto los líderes como los participantes pueden ser formados sobrenaturalmente para tratar temas de la vida real. Pon estos principios en práctica y ¡tu grupo celular nunca será el mismo!

www.ingramcontent.com/pod-product-compliance
Lightning Source LLC
LaVergne TN
LVHW020928090426
835512LV00020B/3257